中等职业教育国家规划教材
全国中等职业教育教材审定委员会审定
全国建设行业中等职业教育推荐教材

计算机在建筑经济管理中的应用

（建筑经济管理专业）

主　　编　谭德先
副 主 编　李红卫　尹建中
责任主审　刘伟庆
审　　稿　孙文建　冒乔玲　汪霄

中国建筑工业出版社

图书在版编目（CIP）数据

计算机在建筑经济管理中的应用/谭德先主编．—北京：中国建筑工业出版社，2003
中等职业教育国家规划教材．建筑经济管理专业
ISBN 978-7-112-05407-7

Ⅰ．计… Ⅱ．谭… Ⅲ．计算机应用—建筑经济—经济管理—专业学校—教材 Ⅳ．F407.9-39

中国版本图书馆 CIP 数据核字（2003）第 006982 号

本书是根据教育部 2001 年颁发的《中等职业学校建筑经济管理专业教学指导方案》中主干课程《计算机在建筑经济管理中的应用教学基本要求》，并参照有关行业的职业技能鉴定规范及中级技术工人等级考核标准编写的中等职业教育国家规划教材。

本书主要内容包括：计算机在会计核算和工程预算中的应用，即会计核算软件、报表软件、土建工程预算软件、装饰工程预算软件、安装工程预算软件的操作与使用等。

本书可作为中等职业学校 3 年制建筑经济管理专业教材，也可作为相关行业岗位培训教材或自学用书。

中 等 职 业 教 育 国 家 规 划 教 材
全国中等职业教育教材审定委员会审定
全国建设行业中等职业教育推荐教材
计算机在建筑经济管理中的应用
（建筑经济管理专业）
主　编　谭德先
副 主 编　李红卫　尹建中
责任主审　刘伟庆
审　稿　孙文建　冒乔玲　汪霄

*

中国建筑工业出版社出版、发行（北京西郊百万庄）
各地新华书店、建筑书店经销
北京市彩桥印刷有限责任公司印刷

*

开本：787×1092 毫米　1/16　印张：10　字数：243 千字
2003 年 4 月第一版　2008 年 7 月第三次印刷
印数：3201—4400 册　定价：**16.00** 元
ISBN 978-7-112-05407-7
（16516）

版权所有　翻印必究
如有印装质量问题，可寄本社退换
（邮政编码　100037）

中等职业教育国家规划教材出版说明

为了贯彻《中共中央国务院关于深化教育改革全面推进素质教育的决定》精神，落实《面向 21 世纪教育振兴行动计划》中提出的职业教育课程改革和教材建设规划，根据教育部关于《中等职业教育国家规划教材申报、立项及管理意见》（教职成 [2001] 1 号）的精神，我们组织力量对实现中等职业教育培养目标和保证基本教学规格起保障作用的德育课程、文化基础课程、专业技术基础课程和 80 个重点建设专业主干课程的教材进行了规划和编写，从 2001 年秋季开学起，国家规划教材将陆续提供给各类中等职业学校选用。

国家规划教材是根据教育部最新颁布的德育课程、文化基础课程、专业技术基础课程和 80 个重点建设专业主干课程的教学大纲（课程教学基本要求）编写，并经全国中等职业教育教材审定委员会审定。新教材全面贯彻素质教育思想，从社会发展对高素质劳动者和中初级专门人才需要的实际出发，注重对学生的创新精神和实践能力的培养。新教材在理论体系、组织结构和阐述方法等方面均作了一些新的尝试。新教材实行一纲多本，努力为教材选用提供比较和选择，满足不同学制、不同专业和不同办学条件的教学需要。

希望各地、各部门积极推广和选用国家规划教材，并在使用过程中，注意总结经验，及时提出修改意见和建议，使之不断完善和提高。

教育部职业教育与成人教育司

2002 年 10 月

前　言

随着计算机技术的发展和建筑经济管理改革的深入，计算机在建筑经济管理中得到了广泛的应用，逐步实现了会计电算化、预算电算化，建筑经济管理正朝着现代化的方向发展。学习和掌握会计电算化、预算电算化的技术是建筑经济管理工作的潮流和需要。为了使中等职业学校建筑经济管理专业的学生走出校门后能尽快适应工作岗位的要求，编写了这本教材。

实现会计电算化、预算电算化的手段是会计软件、预算软件的应用。因此，本教材主要介绍会计软件、预算软件的使用方法及其对数据的处理过程。本教材还通过附录的形式介绍工程量清单计价软件和工程量自动计算软件，并简单介绍钢筋自动计算软件的操作流程，使教材的内容丰富和新颖。

本教材的内容模块化，横向分为会计电算化和预算电算化两大部分，纵向分为理论基础知识的学习与上机实习两大步骤。建筑经济管理专业会计方向的学生着重于会计电算化部分，预算方向的学生着重于预算电算化部分。本教材内容的模块化使整本书的布局合理、使用方便灵活。本教材讲课时数约为39学时，上机时数可灵活安排。教师可根据学时数、专业方向等实际情况选择教学及实习内容。

考虑到虽然没有统一的会计应用软件和预算应用软件，但同类软件的编制原理和使用方法大致相同，本教材中的会计应用软件选择了比较通用的"用友财务软件（8.11版）"为例，预算应用软件选择运行成熟、简单实用的"博奥预算应用软件"和"晨曦预算应用软件"为例。希望读者能触类旁通，在实际使用中根据具体情况选择合适的软件。

本书以实用为编写原则，先介绍会计电算化、预算电算化的理论基础知识，然后以大量的实例，通过明确的操作步骤，教会读者使用会计应用软件和预算应用软件，实用性很强，所学的内容马上就能用到实际工作中。

本书不是各软件的使用说明书，而是注重系统性、理论性的教材；不再沿用旧的讲述方法，而是强调共性，采用相似的结构。全书从实例出发，避免枯燥、空洞的操作步骤。本书按照与读者使用软件时的实际操作相一致的方式编写，内容安排合理、方法实用。通过本书的学习，可使读者轻松快速地学会使用会计应用软件和预算应用软件。

本书图文并茂、实例丰富，操作步骤简单、内容实用。因此，不仅可以作为中等职业学校建筑经济管理专业的教材，还可以作为各类培训班的培训用书以及从事会计和预算工作的读者的自学教材。

本书由广西建设职业技术学院谭德先、李红卫，广西建设工程造价管理总站邓德辉，湖南城市学院尹建中合作编写。谭德先负责全书统稿和审编，李红卫编写第1章和第3章并参与统稿，尹建中编写第2章，邓德辉、尹建中合编第4章，邓德辉编写附录一、附录二和附录三。

在本书的编写过程中，参考和借鉴了有关的书籍和资料，并得到了广西南宁博奥科技有限责任公司、福州晨曦软件有限公司的大力支持和帮助,在此致以衷心的感谢,并对关心和支持本书编写工作的所有同志表示衷心的感谢。

由于本书介绍了大量较新的知识,也涉及到现代建筑经济管理诸多方面的内容,许多问题还需要进一步的研究和实践,加之编者水平有限,时间仓促,本书难免有不足之处,敬请专家和读者批评指正。

本书所介绍的软件,可以通过以下网址下载学习版本或了解有关信息。

南宁博奥预算软件　　http://www.boao.com.cn
福州晨曦预算软件　　http://www.chenxisoft.com.cn
易达"清单大师"系列软件　http://www.gczj.com.cn
神机妙算预算系列软件　http://www.sjms.com.cn
用友软件　　http://www.ufsoft.com.cn

编　者

目 录

第1章 绪论 …………………………………………………………………………… 1
　1.1 会计电算化 ……………………………………………………………………… 1
　1.2 预算电算化 ……………………………………………………………………… 1
　　1.2.1 预算应用软件 ……………………………………………………………… 2
　　1.2.2 工程量清单计价软件 ……………………………………………………… 2
　1.3 电算化的作用 …………………………………………………………………… 3
　1.4 学习会计电算化、预算电算化过程中应注意的问题 ………………………… 4
第2章 会计电算化 …………………………………………………………………… 6
　2.1 会计应用软件概述 ……………………………………………………………… 6
　　2.1.1 会计电算化的发展 ………………………………………………………… 6
　　2.1.2 会计电算化与手工会计处理的联系与区别 ……………………………… 8
　　2.1.3 会计电算化的特点 ………………………………………………………… 10
　　2.1.4 会计电算化信息系统的功能结构 ………………………………………… 10
　　2.1.5 会计电算化信息系统数据处理流程 ……………………………………… 11
　　2.1.6 会计电算化系统运行要求 ………………………………………………… 14
　2.2 系统管理 ………………………………………………………………………… 18
　　2.2.1 建账流程图 ………………………………………………………………… 18
　　2.2.2 账套及账套账务参数设置 ………………………………………………… 18
　　2.2.3 操作员权限设置 …………………………………………………………… 19
　　2.2.4 凭证类型设置 ……………………………………………………………… 19
　　2.2.5 常用摘要定义 ……………………………………………………………… 19
　　2.2.6 汇率管理 …………………………………………………………………… 19
　　2.2.7 结算方式设置 ……………………………………………………………… 19
　2.3 总账 ……………………………………………………………………………… 19
　　2.3.1 会计科目设置 ……………………………………………………………… 20
　　2.3.2 期初建账 …………………………………………………………………… 24
　　2.3.3 凭证处理 …………………………………………………………………… 24
　　2.3.4 记账 ………………………………………………………………………… 28
　　2.3.5 期末业务处理 ……………………………………………………………… 30
　　2.3.6 账簿输出 …………………………………………………………………… 31
　2.4 报表 ……………………………………………………………………………… 33
　　2.4.1 会计报表 …………………………………………………………………… 33
　　2.4.2 会计报表系统 ……………………………………………………………… 34
练习与思考 …………………………………………………………………………… 44

第3章 预算电算化 ·········· 45
3.1 预算应用软件 ·········· 45
3.1.1 概况 ·········· 45
3.1.2 预算应用软件处理数据的流程 ·········· 46
3.1.3 预算应用软件的一般功能 ·········· 47
3.1.4 预算应用软件的安装及系统维护 ·········· 47
3.2 土建工程预算软件 ·········· 48
3.2.1 工程预算文件的建立及工程信息的输入 ·········· 48
3.2.2 查套定额及工程量输入的方法 ·········· 49
3.2.3 定额换算 ·········· 51
3.2.4 工料机分析 ·········· 53
3.2.5 价差调整 ·········· 53
3.2.6 工程取费计算 ·········· 54
3.2.7 工程数据的审查方法 ·········· 54
3.2.8 工程报表的打印 ·········· 55
3.2.9 软件数据维护 ·········· 55
3.2.10 土建工程预算软件上机操作演示 ·········· 55
3.3 装饰工程预算软件 ·········· 65
3.3.1 工程预算文件的建立及工程信息的输入 ·········· 65
3.3.2 查套定额及工程量输入的方法 ·········· 65
3.3.3 定额换算 ·········· 65
3.3.4 工料机分析 ·········· 66
3.3.5 工程取费计算 ·········· 66
3.3.6 工程数据的审查方法 ·········· 68
3.3.7 工程报表的打印 ·········· 68
3.3.8 软件数据维护 ·········· 68
3.3.9 装饰工程预算软件上机操作演示 ·········· 68
3.4 安装工程预算软件 ·········· 76
3.4.1 工程预算文件的建立及工程信息的输入 ·········· 76
3.4.2 查套定额及工程量输入的方法 ·········· 76
3.4.3 定额换算 ·········· 76
3.4.4 工料机分析 ·········· 78
3.4.5 价差调整 ·········· 78
3.4.6 工程取费计算 ·········· 78
3.4.7 工程数据的审查方法 ·········· 78
3.4.8 工程报表的打印 ·········· 78
3.4.9 软件数据维护 ·········· 78
3.4.10 安装工程预算软件上机操作演示 ·········· 78
练习与思考 ·········· 87

第4章 上机实习指导及实例 …… 88
4.1 会计电算化上机实习 …… 88
4.1.1 实习资料 …… 88
4.1.2 系统管理上机实习 …… 92
4.1.3 总账系统上机实习 …… 96
4.1.4 报表系统上机实习 …… 104
4.1.5 工资管理上机实习 …… 108
4.1.6 固定资产管理上机实习 …… 111
4.2 预算电算化上机实习 …… 112
4.2.1 上机实习目的与要求 …… 112
4.2.2 土建工程预算软件上机实习 …… 112
4.2.3 装饰工程预算软件上机实习 …… 114
4.2.4 安装工程预算软件上机实习 …… 115
4.2.5 工程量自动计算软件上机实习 …… 116
附录一 工程量清单综合报价系统 …… 118
附录二 工程量自动计算软件 …… 131
附录三 钢筋自动计算软件 …… 149
参考书目 …… 152

第1章 绪 论

随着计算机技术的高速发展，计算机技术在建筑经济管理中得到了广泛的应用，会计电算化、预算电算化将成为现代建筑经济管理的重要组成部分。

1.1 会计电算化

会计是一个信息系统。具体来说，是由会计凭证、账簿组织、报表体系、记账方法和账务处理程序所组成的一个信息系统。各个组成单元在加工处理数据过程中有机地结合为一个整体，完成对会计数据的收集、加工处理、存贮、检索和传递。

会计信息系统可分为若干子系统，如账务处理子系统、固定资产核算子系统、材料核算子系统、工资核算子系统、成本核算子系统、成品和销售核算子系统、应收应付账款子系统、报表子系统等。

依据对会计数据加工处理手段的不同，会计信息系统可以分为手工会计信息系统和会计电算化信息系统。手工会计信息系统是以纸笔和算盘为处理工具、靠手工处理会计数据的信息系统。会计电算化信息系统是以计算机作为主要数据处理工具的信息系统。随着计算机在会计信息系统中的广泛应用，传统的手工会计信息系统越来越少。目前，人们把基于计算机的会计信息系统称为"计算机会计系统"，简称为"会计信息系统"、"会计电算化"。

狭义地说，会计电算化是以电子计算机为主的当代电子技术和信息技术应用到会计实际中的简称，它是一个用电子计算机代替人工记账、算账、报账以及替代部分由人脑完成的对会计信息的处理、分析和判断的过程。会计电算化是会计发展史上的又一次重大革命，它不仅仅是会计发展的需要，而且是经济和科技发展对会计工作提出的要求，是时代发展的需要。同时，会计电算化已成为一门融电子计算机科学、管理科学、信息科学和会计科学为一体的边缘学科，在财务管理诸领域中处于应用电子计算机的领先地位。

随着会计电算化事业的发展，"会计电算化"的含义得到进一步引申与拓展，与计算机技术在会计中应用有关的所有工作也都成了会计电算化的重要内容，包括会计电算化人才培训、会计电算化制度的建立、会计电算化的宏观管理、会计电算化档案处理、计算机审计等。

广义地说，会计电算化是指与电子计算机在会计中应用有关的所有工作，可以称之为"会计电算化工作"。

1.2 预算电算化

预算电算化是指利用计算机对建筑工程预算信息进行收集、加工、传输、应用和管理的全部工作。它的目的是应用计算机技术代替手工，完成对建筑工程的预算确定、预算控制和预算信息管理的工作。预算确定指的是通过对建筑工程施工图预算的编制，从而确定建筑工程的各项预算费用。预算确定是建筑工程预算的核心。预算控制主要包括招投标管理、合同管理、资源管理和工程结算管理等。预算控制贯穿于建筑工程项目管理的全过程。预算信息管理，是指对建筑工程预算信息的积累及加工，主要包括对各类投标价格、合同价格、结算价格、工料机价格和其他有关资料的积累及加工。预算信息管理是建筑工程预算的一项基础工作。

预算电算化包括预算应用软件的开发和预算应用软件的使用两个方面。本书所介绍的是，用于预算确定的预算应用软件的使用。用于预算确定的预算应用软件主要由土建工程预算软件、装饰工程预算软件、水电安装工程预算软件等三类软件组成。

当前建筑市场正在进行重大变革，建筑工程"定额定价"将逐渐向"市场定价"转化，即实行"工程量清单计价"方式。现行定额在这场变革中将只起到参考作用，而不是现在的指令性作用。各施工企业只有依据自己的管理水平和对市场价格行情的了解，投标时报出符合自己利润目标的单价，才能在激烈的市场竞争中取胜。如只靠手工采集和处理数据，往往不能及时报价或报价不合适而坐失良机。工程量清单综合报价系统正是利用计算机在数据处理方面的优势，依据日常收集的施工、价格、管理等信息，参考现行定额，帮助施工企业在投标报价时做出快速反应。这就意味着预算应用软件由套价软件转换成工程量清单计价软件。

1.2.1 预算应用软件

土建工程预算软件是最早出现的预算应用软件。土建工程预算软件的广泛应用，是预算电算化的起步，是建筑工程预算的一次革命。手工套价工作量大、质量难以保证，而应用预算软件则快速、准确，其效率是手工套价的成千上万倍。以前，手工计算一个建筑工程的工程量往往需要很长的时间，这种情况与业主要求加快进度、缩短建设周期的要求背道而驰，这种矛盾在当代经济高速发展中日益明显。图形工程量自动计算软件顺应时代的发展，把手工计算稿中大量枯燥数字变成直观化图形，既准确又形象，计算速度是手工计算望尘莫及的。

随着计算机技术的发展和建筑工程预算的需要，逐渐出现装饰工程预算软件和安装工程预算软件。

装饰工程预算软件、安装工程预算软件与土建工程预算软件的主要功能都是工程量计算、套价和取费计算。它们在使用上基本相同。主要的区别是土建工程预算软件套用定额基价计算工程直接费，需要计算材料的价差，通过价差合计调整价差；而装饰工程预算软件、安装工程预算软件主要采用市场价进行工程直接费的计算，一般不需要计算材料的价差，必要时通过系数法调整价差。

1.2.2 工程量清单计价软件

（1）工程量清单计价与传统定额计价在计价软件功能要求方面的区别

1）工程量清单编码惟一性原则。工程量清单编码规则全国统一，为了保证合同正常执行、实现严格按合同规定进行工程支付，实现利用计算机进行辅助评标、询标，在同一单项工程预算中，使用相同清单项目的工程量清单编码必须具有惟一性。定额编码在同一单项工程预算中可以重复。

2）工程招标文件、投标文件、参考价文件（标底）编制要求不同。按照工程量清单计价办法，招标文件、工程量清单由业主或业主委托有资质的中介机构进行编制。投标企业根据招标文件、工程量清单，结合自身条件和市场情况自主报价。参考价（标底）严格按造价管理部门颁布的消耗量指标、市场价格信息和有关规定编制，不同的用户对象对软件的使用功能有很大区别。在传统计价方式中，建设各方编制计价文件的模式完全相同。

3）费用划分方法不同。建设工程费用划分为实体项目费用、措施性费用、暂定金额、计日工、利润、风险、政府规费、税金等，与传统计价模式工程费用划分有很大区别。

4）软件用户对市场价格信息需求大大增强。实行工程量清单计价，按工程量承发包双方约定的价格直接计算，根本不存在价差调整。编制标底参考价的单位，需要使用反映市场平均价格水平的价格信息。投标企业需要掌握真实的市场价格行情，做出具有竞争力的报价。造价管理部门及造价中介机构更需要收集市场实际成交的各种综合价格信息、材料价格信息、综合指标信息，作为确定和控制工程造价的重要基础资料。传统计价方式，建设各方均直接使用造价管理站发布的信息价。

5）计价软件不仅仅是预算员进行计价的工具，而且是造价管理机构、招投标管理或代理机构收集综合价格信息、控制工程造价的管理手段之一。

（2）工程量清单计价的特点

1）统一计价规则。通过制定统一的建设工程工程量清单计价办法、统一的工程量计量规则、统一的工程量清单项目设置规则，达到规范计价行为的目的。这些规则和办法是强制性的，建设各方都应该遵守。这是工程造价管理部门首次在文件中明确政府应管什么，不应管什么。实行工程量清单计价，工程量清单造价文件必须做到工程量清单的项目划分、计量规则、计量单位以及清单项目编码四统一，达到清单项目工程量统一的目的。

2）有效控制消耗量。通过由政府发布统一的社会平均消耗量指导标准，为企业提供一个社会平均尺度，避免企业盲目或随意大幅度减少或扩大消耗量，从而起到保证工程质量的目的。

3）彻底放开价格。将工程消耗量定额中的工、料、机价格和利润、管理费全面放开，由市场的供求关系自行确定价格。

4）企业自主报价。投标企业根据自身的技术专长、材料采购渠道和管理水平等，制定企业自己的报价定额，自主报价。企业尚无报价定额的，可参考使用造价管理部门颁布的《建设工程消耗量定额》。

5）市场有序竞争形成价格。通过建立与国际惯例接轨的工程量清单计价模式，引入充分竞争形成价格的机制，制定衡量投标报价合理性的基础标准。在投标过程中，有效引入竞争机制，淡化标底的作用。在保证质量、工期的前提下，按国家《招标投标法》及有关条款规定，最终以"不低于成本"的合理低价者中标。

1.3 电算化的作用

计算机在建筑经济管理中的应用（简称电算化）是建筑经济管理发展史上的一次革

命,与手工管理系统相比,不仅仅是处理工具的变化,在数据处理流程、处理方式、内部控制方式及组织机构等方面都与手工处理有许多不同之处。它的产生将对建筑经济管理理论与实务产生重大的影响,对于提高建筑经济管理水平、提高经济效益,都有十分重要的作用。

1.3.1 减轻劳动强度,提高工作效率

不管是在手工会计系统中,还是在手工建筑工程预结算中,数据处理全部或主要靠人工操作。因此,数据处理的效率低、错误多、工作量大。实现电算化后,只要把数据按规定的格式要求输入计算机,计算机便自动、高速、准确地完成数据的校验、加工、传递、存储、检索和输出工作。这样,不仅可以把广大财会人员、预算人员从繁重的数据处理、数字计算中解脱出来,而且由于计算机对数据处理的速度大大高于手工,因而也大大提高了工作的效率,实现了全面、及时、准确地提供会计信息、建筑工程信息的目标。

1.3.2 提高从业人员素质,促进建筑经济管理工作规范化

实现电算化后,从事建筑经济管理各项工作的工作人员如会计人员、预结算人员有更多时间学习各种经营管理知识、计算机有关知识,使得知识结构得以更新,素质不断提高。较好的建筑经济管理理论知识和业务处理规范是实现电算化的前提条件,电算化(如会计电算化、预算电算化)的实施,在很大程度上避免了手工操作中不规范、易出错、易疏漏等问题。因此,实现电算化的过程,也是促进建筑经济管理工作标准化、制度化、规范化的过程。

1.3.3 促进建筑经济管理理论和技术的发展,推动企业管理现代化

计算机在建筑经济管理中的应用,不仅是管理工具的变革,而且也必然会对建筑经济管理的内容、方法、程序、对象等管理理论和技术产生影响,如由于会计电算化的实施,会计凭证的产生方式和存储方式的变化导致会计凭证概念的变更;由于预算电算化的实施,导致预算报表存储方式和处理方式的变化等等,从而推进建筑经济管理理论的研究和发展。计算机在建筑经济管理中的应用,为企业管理手段现代化奠定了重要基础,可以推动企业管理现代化。

1.4 学习会计电算化、预算电算化过程中应注意的问题

1.4.1 准备会计知识、建筑工程预算知识和计算机基本知识

本课程是中等职业学校建筑经济管理专业的一门专业技能课程。在学习本课程之前,要求学生掌握计算机基础知识、建筑工程定额与预算及建筑会计等经济管理理论知识,熟悉基本工作流程、方法和基本要求等等,这是学好本课程的最基本前提。

1.4.2 认真理解电算化信息系统中数据处理的过程

在学习会计应用软件、预算应用软件基本原理时,要理解会计数据或预算数据在计算机中怎样被输入、加工处理以及输出;理解和掌握各软件中各子系统的功能和特点及它们之间的数据传递关系,分析手工业务处理流程和计算机业务处理流程的异同。如土建工程预算软件中,电脑定额换算的方法,与手工定额换算方法的不同;理解和掌握价差表、费用表的数据来源和表表间数据关联的处理等。

1.4.3 加强上机实践

计算机在建筑经济管理中的应用是一门新兴的边缘学科,实验性很强,所以,合理地安排理论教学与上机实验是十分重要的。每当学习了各应用软件工作原理的部分内容后,都应及时进行上机实验,体会每一功能模块的意义,掌握每一功能模块的操作方法。只有这样,才能牢固地掌握所学的知识,并逐渐掌握各应用软件的应用技能。

第 2 章 会 计 电 算 化

2.1 会计应用软件概述

2.1.1 会计电算化的发展
2.1.1.1 国外会计电算化的发展
(1) 发展概况

会计电算化在国际范围内是从上个世纪50年代开始，70年代发展，80年代成熟。在工业发达国家，会计电算化起步于第二代计算机。由于当时计算机硬件昂贵，加上只有少数的专业人员才能掌握这门技术，限制了它的发展。随着第三代大、中、小型计算机的大规模生产及软件工具的不断改进，会计电算化开始普及。70年代以后，计算机硬件、软件的性能进一步得到改进，价格不断降低，特别是微型计算机、网络技术和会计专用计算机的发展，给会计工作带来了广阔的天地，会计人员不再把会计电算化看做是技术人员的事，积极参与到会计电算化这项工作中来。国际会计师联合会（IFAC）1987年10月在日本东京召开的第十三届世界会计师大会，其中心议题就是会计电算化，这标志着会计电算化在全球范围内进入新的阶段。1986年日本通产省对制造业、批发商业和零售商业会计电算化的调查表明：在日本大型企业中，上述三个行业会计实现电算化的比例分别是88.2%、88.5%、76.2%。

(2) 会计软件产业

会计软件产业，在西方发达国家是软件产业发展的一个重要分支。由于专业化、商品化、社会化服务，减少了自己开发软件带来的一系列麻烦，加快了会计电算化的进程。另一方面，20世纪五六十年代起，在日本、德国、法国、香港等国家和地区兴起了一种服务于配备会计的计算机服务行业——代理客户记账业，即由会计师事务所等单位联合为中小企业代理记账。由于这一行业的发展，促进了企业、会计师事务所、计算中心这三个层次的会计信息小型网络的建立。

(3) 会计电算化管理

由于会计信息的处理关系到各方面的利益，世界各国对会计电算化的管理十分重视。美国注册会计师协会（AICPA）1976年发布了管理咨询服务公告，即《计算机应用系统开发和实施指南》。国际会计师联合会（IFAC）分别于1984年2月、1984年10月、1985年6月公布了3个有关会计电算化的《国际审计准则》，即《在电子数据处理环境下的审计》、《计算机辅助审计》和《电子计算机的数据处理环境对会计制度和有关的内部控制研究与评价的影响》。前苏联中央统计局和财政部也于1985年4月批准了《建立和运用各部门企业（联合会）自动化管理会计系统的指导方法条例》，对会计系统设计和管理的一系列问题都做出了详细规定。

2.1.1.2 我国会计电算化的发展

我国会计电算化起步较晚，但发展很快。短短十几年，已经有上百万家企事业单位在会计工作中使用了计算机，其中一部分已经建成完整的会计信息系统，用计算机代替手工记账，靠计算机有效运行完成记账、算账、报账任务。并且已组建了几百家专门开发和营销会计软件的专业公司，又有一批国外软件引进，形成了统一、开放、竞争、有序的会计软件市场。

我国会计电算化从发展程度、规划与管理及会计软件等方面分析，可以分为三个阶段。

(1) 尝试阶段（1983年以前）

从计算机诞生到大规模微机使用前，这一阶段我国会计电算化发展比较缓慢。主要原因是：设备缺乏、价格昂贵、软件汉化程度差；财会人员对计算机有种神秘感，认为计算机技术深不可测；会计电算化没有引起各级领导足够的重视；会计电算化人才缺乏，既懂计算机又懂会计的人更是寥寥无几。

(2) 自发发展阶段（1983～1987年）

1983年国务院成立了电子振兴领导小组。1983年下半年起，全国范围内掀起了一个应用计算机的热潮。由于微型计算机投资少、功能强、使用方便，具有大众化数据库管理系统（DBMS）及能进行汉字处理，微型计算机在财会部门得到了广泛的应用。但由于：缺乏软件开发经验和会计电算化理论指导；缺乏软件人员，尤其缺乏既懂会计又懂计算机的复合型人才；缺乏统一组织与管理。因此，这一阶段会计电算化的应用处于低水平重复开发阶段。

(3) 有组织、有计划的发展阶段（1987年至今）

这一阶段会计电算化稳步发展，涌现出了一批技术含量较高的专用会计核算软件，并代替手工记账；会计软件向通用化、商品化、专业化的方向发展，商品化会计核算软件公司和单位相继成立；各级主管部门和财政部门，加强了对会计电算化工作的管理，相继制定了相应的管理制度和发展规划。会计电算化在理论研究与实践的基础上取得了丰硕成果。

2.1.1.3 会计电算化的发展趋势

目前，我国会计电算化的发展主要向网络化、决策支持及与管理制度的配套与完善等方向发展。

(1) 网络化发展

目前，我国会计电算系统的主要运行环境是微型计算机。单机运行的种种不足已渐渐突出，尤其是对于大中型企业，会计处理的信息量大，会计与生产车间、供应部门、人事部门、设备管理等部门的联系仅仅靠软盘进行数据传递，不能做到会计信息数据的及时有效处理，不能更好地发挥计算机数据处理的效率。计算机网络技术的发展、性能的提高及价格的不断降低，为全面系统地开发、使用会计信息系统提供了技术条件。由于网络技术在安全性、可靠性设计、权限设置等方面比单机提供了更多有效的技术措施，为进行权限控制、人机分工、人员分工等方面提供了更有效的方法。

(2) 朝决策支持系统（DSS）的方向发展

近年来，许多企业已开发出完整的会计信息系统并在实际中得到应用，已积累了完整的会计信息数据，如何充分利用这些会计信息数据，参与企业决策，实现决策支持已成为当前及今后会计电算化发展的一个主要方向。

利用计算机辅助会计决策，可以把决策分析的许多方法编制成许多计算机软件，也可以研制决策支持系统。会计决策支持系统是会计电算化领域的新课题，是会计电算化的更高阶段。

会计决策支持系统中，储存有全面、完整的企业内外部信息的数据库；建立了以运筹学、决策学原理为特点的模型库及决策判断、选择、分析和推理有关的知识库和便于用户使用的人—机接口。通过人—机接口，对模型进行分析、比较，使决策者充分地分析问题，帮助决策者根据自己的经验和知识选择一个满意方案，做出正确的决策。

（3）人工智能在会计领域的应用

市场经济的发展，使得影响经济变化的因素越来越复杂，预测、决策、控制和分析的难度越来越大，除了不断提高工作人员的信息处理水平和加大数据量的运用，还要逐步实现信息系统的智能化。利用人工智能研究成果，采集专家的智慧和经验，归类存入计算机，从而可以用专家的水平，准确地在不同地点与不同时间解决类似的决策难题。

（4）制度的配套与完善

根据计算机的特点与会计电算化的发展要求，应建立健全一套与电算会计系统相适应的会计制度、审计制度与控制管理制度，以适应会计电算化不断发展的需要。

2.1.2　会计电算化与手工会计处理的联系与区别

2.1.2.1　会计电算化与手工会计处理的相同点

（1）目标一致。会计电算化与手工会计处理的最终目标都是为了加强经营管理，提供会计信息，参与经营决策，提高经济效益。

（2）所遵循的会计法令、法规和财经制度一致。都必须严格遵守国家的各项会计法令、法规和财经制度；会计行为必须符合会计法、审计法、税法、会计准则及企业会计制度的规定。

（3）所遵循的会计理论和会计方法一致。会计电算化会引起会计理论和会计方法上的变化，但这种变化是渐进的。目前的会计电算化必须遵循基本的会计理论和会计方法。

（4）会计工作结果一致。无论是手工会计还是电算会计，都要在期末编制会计报表，而且会计报表的数据总是相同的。

（5）会计处理的数学模型、数学平衡关系式相同。会计数据有其内在的、必然的联系，如：资产＝负债＋所有者权益，利润＝收入－费用，总账与明细账、多种会计报表之间的牵制平衡关系等。这种逻辑关系不会因电算化而改变。

（6）会计档案的管理要求相同。会计电算化后，会计信息主要存贮在磁盘、磁带等磁性介质上，会计凭证、会计账簿、会计报表等会计资料必须定期打印输出。这些会计档案仍然必须按《会计档案管理办法》的规定执行。

2.1.2.2　会计电算化与手工会计处理的区别

（1）所用的计算工具不同。手工会计使用的计算工具是算盘、计算器等；会计电算化使用的计算工具是电子计算机。

（2）载有数据、信息的媒体不同。手工会计的所有信息都是以纸张为载体；会计电算化主要以磁性介质作为信息载体。

（3）账簿格式和错账更正方法不同。手工会计中规定日记账、总账要用订本式账簿，明细账可用活页式账簿；错账更正的方法规定为划线更正法、红字更正法、补充登记法三种。会计电算化打印输出的账页是卷带状的，可装订成活页式，不可能是订本式，只有到一定时候，再装订成一本订本式账簿，作为会计档案保管；实现会计电算化后，记账是由系统根据事先编好的程序自动进行，只要凭证正确，账簿一定正确，故划线更正法不再适用。如果出现错账，必然是凭证有问题，可用红字更正法或补充登记法更正错账。

(4) 账务处理程序不同。手工会计在进行会计数据处理时，根据会计业务的繁简和管理上的需要，选用其中的一种，规定凭证、账簿、报表之间的关系，以及怎样来进行记账。但无论采取何种方式，都避免不了重复转抄的根本弱点，伴之而来的是会计人员的处理环节增多，不加强内部牵制和相互核对，免不了出现错误和舞弊。实现会计电算化后，账务处理过程分为输入、处理、输出三个环节，其控制的重点是在输入环节。从输入会计凭证到输出会计账表，一气呵成，一切中间过程都在机内操作，是肉眼看不见的，而需要的任何中间资料，都可以通过查询得到满足。因此，会计电算化的数据处理有一体化的倾向，这样就废除了手工会计中不同的账务处理程序。

(5) 账户设置方法和账簿登记方法不同。在手工会计中，要分别设置资产、负债、所有者权益、成本、损益五类账户，并要设置总账和各种明细账。在会计电算化下，所有的账户都给予一个科目号，科目号的第一位，就标志这个科目的大类别，前三位标志了总账的会计科目，这样就可以很方便地进行总账、明细账、日记账等各种处理，打破了手工会计下各种账簿的不同处理方式和核对方法，实现了数出一门、数据共享。

(6) 会计工作的组织体制不同。在手工会计中，会计工作组织体制以会计事务的不同性质作为主要依据，一般划分如下专业组：材料组、成本组、工资组、资金组、综合组等等，它们之间通过信息资料传递、交换、建立联系，相互稽核牵制，使会计工作正常进行。实现会计电算化后，会计工作的组织体制以数据的不同形态作为主要依据，一般划分如下专业组：数据收集组、凭证编码组、数据处理组、信息分析组、系统维护组等等。很明显，这两种工作组织体制是截然不同的。

(7) 会计人员素质不同。在手工会计中的人员均是会计专业人员，其骨干是会计师。会计电算化中的人员应由会计专业人员、计算机操作人员组成，其骨干应为了解电子计算机的高级会计人员。

(8) 对账、结账和期末账项调整的方式、方法不同。在手工会计中，结账前要对账，以确保账证相符、账账相符和账实相符。在会计电算化中，同样需要对账，但对账的形式和方法都发生了变化。例如，在电算化下，由于不存在记账的差错，应将控制重点放在输入凭证的审核上。至于财产物资的盘盈盘亏，只能依靠手工盘点，再将盘点表输入计算机，与机内账存款核对。

在手工会计中，期末要手工编制各种转账凭证进行账项调整，还要分别结出每个账户的本期发生额和期末余额。实现会计电算化后，这些工作都可由计算机根据预先编好的程序来完成，只要给出结账的指令，计算机就会自动生成结账凭证、完成结账的一系列工作。

(9) 内部控制制度不同。在手工会计中，内部控制是通过凭证传递程序，规定每个工作点应完成的任务，并在传递程序中选择控制点。此外，还通过对账等内部控制方式保证数据的正确性，以堵塞漏洞。实现会计电算化后，由于账务处理程序和会计工作组织体制的变化，除原始数据的收集、审核、编码仍由原会计人员手工操作外，其余的处理都由计算机部门负责，内部控制方式由人工控制转为人机控制，后者的控制要求更为严密。

（10）会计系统的设计方法不同。在手工会计中，会计系统一般由会计师根据会计法规、会计准则、上级主管机构制定的统一的会计制度，并参考同行业的经验，针对企业工作的需要，拟订撰写而成。有了电子计算机，会计数据处理高度自动化，账册、报表都要根据打印机的要求重新设计，不但要遵循在手工情况下的会计准则和会计制度，还要遵循在电算化下的一些特定制度。会计电算化系统要通过一系列相当复杂的过程开发出来。这一过程，称为系统开发过程。系统开发就是在对原手工会计系统分析的基础上，进行系统设计、系统编程和调试，从而建立一个新的会计电算化系统。

2.1.3 会计电算化的特点

与手工会计相比较，电算化会计信息系统具有如下明显的特征：

2.1.3.1 数据的准确性明显提高

计算机具有高精度、高准确性、逻辑判断的特点，使得数据的准确性明显提高。可减少因人为因素造成的错误，提高会计核算的质量。

2.1.3.2 数据的处理速度明显提高

计算机具有高速处理数据的能力。电算化会计信息系统利用计算机自动处理会计数据，数据处理速度大大提高，极大地提高了数据处理的效率，增强了系统的及时性。电算化会计信息系统从根本上改变了手工系统反应迟钝的弊病，同时使广大财会人员从繁杂的数据抄写和计算中解脱出来，大大减轻了财会人员的劳动强度。

2.1.3.3 提供信息的系统性、全面性、共享性大大增强

计算机的采用，扩大了信息的存贮量和存贮时间。当前，以国际互联网（Internet）为中心的计算机网络的建设、管理和发展，已成为一个国家经济发展的重要环节。国际互联网作为正在日益扩大的世界最大网络，正成为信息化社会的桥梁。网络会计电算化的发展实现了企业内部、同城市企业与企业之间，乃至海内外数据共享和信息的快速传递，极大地提高了会计信息的全面性、系统性，增强了信息处理的深度，使其能够为管理者、投资人、债权人、财政税务部门提供更多更好的信息。

2.1.3.4 各种管理模型和决策方法的引入，使系统增强了预测和决策能力

在电算化会计信息系统中，管理人员借助先进的管理软件便可以将已有的管理模型在计算机中得以实现，如最优经济订货批量模型、多元回归分析模型等。同时又可以不断研制和建立新的计算机管理模型。管理人员利用计算机管理模型可以迅速地存储、传递以及取出大量会计核算信息和资料，并毫不费力地代替人脑进行各种复杂的数量分析、规划求解。因此，管理者可以相当准确地估计出各种可行方案的结果，揭示出企业经济活动中深层次矛盾，挖掘企业内在潜力，提高管理、预测和决策的科学性和合理性。

2.1.4 会计电算化信息系统的功能结构

会计电算化信息系统的功能结构，是指整个会计信息系统包含哪些子系统，每个子系统又包含哪些功能模块，各功能模块之间是怎样联系的，各功能模块的功能又是怎样的。

会计电算化信息系统的功能结构如图 2-1 所示。整个会计信息系统分为账务处理、核算（包含工资核算、固定资产核算、材料核算、成本核算、销售利润核算）和管理分析三个层次，其关系为"账务处理是中心，核算是基础，管理分析是目标"。

会计电算化信息系统可分八个子系统，每个子系统有若干个功能模块。

(1) 账务处理子系统。根据原始凭证编制或输入记账凭证；审核记账凭证；根据审核后的记账凭证记账；输入银行对账单；根据银行对账单与企业日记账进行对账；编制银行存款余额调节表。

(2) 会计报表子系统。根据账务处理系统提供的数据，包括账户的结余额和本期发生额，按照统一规定的会计报表格式和要求，定义会计报表结构文件和会计报表数据文件，生成会计报表文件，打印输出会计报表。

(3) 工资核算子系统。输入工资结算数据；根据已设定的工资计算方法进行工资计算和汇总；输出工资结算单、工资签收单、工资汇总表；根据工资的受益对象进行工资分配；输出工资分配表，生成工资转账凭证转入账务处理子系统。

(4) 固定资产核算子系统。实现固定资产的增、减变动数据录入；计提折旧；折旧的汇总分配，生成折旧分配的转账凭证转入账务处理子系统。

(5) 材料核算子系统。根据材料的收、发料单，进行材料的采购报销、入库、入库材料差异、出库、出库材料差异核算，生成机制会计凭证，转入账务处理子系统。

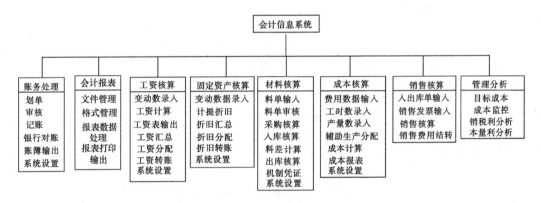

图 2-1 会计信息系统功能结构图

(6) 成本核算子系统。根据本月完工产品数、废品数、原材料、辅助材料消耗、工资、工资附加费、制造费用，计算完工产品成本、废品损失，打印输出完工产品成本计算表、废品损失成本计算表。

(7) 销售、利润核算子系统。根据产品的入出库单、销售发票进行产成品收发存核算，核算销售收入，结转销售成本、期间费用，产生机制凭证，转入账务处理子系统，输出产品销售利润明细表。

(8) 管理分析子系统。根据账务处理子系统，核算子系统中的数据和管理目标进行费用的分析与控制；目标成本的分析和控制；销售、利润、税金的分析和本、量、利分析。

另外，随着会计制度的改革，管理上不断提出新的要求，有些企业单位增设应收、应付核算等功能模块，对日益复杂的债权、债务有关数据进行处理。

除了上述会计数据处理有关的基本功能以外，还必须设计必要的辅助功能模块。包括：查询、维护、防错纠错、授权控制、时序控制、安全控制等功能模块。通过这些辅助功能，保证系统安全可靠运行和用户有效地运用。

2.1.5 会计电算化信息系统数据处理流程

数据处理是指采用各种处理方式（人工、机械、计算机），按照会计制度规定和会计

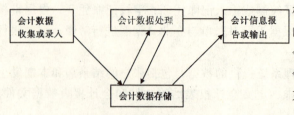

核算程序，将会计数据加工成会计信息的过程。会计数据处理的一般流程包括会计数据收集或录入、会计数据存储、会计数据处理和会计信息报告或输出，如图2-2所示。

图2-2 会计数据处理一般流程

在手工会计信息系统中，会计数据的收集、加工处理、会计报表的编制都是人工完成的，会计数据存储在纸张上。其缺点是：数据处理工作量大、差错多、效率低。

在电算化会计信息系统中，会计数据的收集、加工处理、会计报表的编制及会计数据的存储与手工会计相比，有很大变化。如图2-3所示。

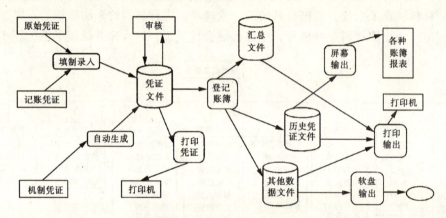

图2-3 会计电算化数据处理流程

2.1.5.1 数据输入

（1）会计数据输入方式

1）直接输入方式。指会计人员根据原始凭证或记账凭证，通过键盘、屏幕将数据直接输入计算机存入凭证文件的一种方式。采用这种方式输入的凭证称为人工凭证，类似于手工填制凭证。

2）间接输入方式。亦称脱机输入方式。财会人员首先将会计数据录制在磁盘上，然后再将其转换成计算机所能接受的凭证，并保存在凭证文件中。如分店A，营业员通过扫描装置将当日的销售数据录制到磁盘或当地的计算机中，一天的营业结束后，分店A将装有会计数据的磁盘送到总店，或通过调制调解器、远程网将会计数据传递到总店，总店根据这些数据生成凭证，并保存在凭证文件中。

3）自动输入方式。指计算机自动编制凭证，并保存在凭证文件中。这种方式生成的凭证叫机制凭证。它是由各业务子系统处理业务后自动生成的机制凭证。如固定资产子系统转来的固定资产增加、减少、计提折旧等凭证；材料子系统转来的收料、发料凭证；工资子系统转来的工资费用分配凭证；成本子系统于月末生产费用的分配结转凭证、制造费用的结转凭证；销售利润子系统转来的销售凭证，月末把本期销售收入、销售成本、销售税金、期间费用等科目余额结转到本年利润科目形成的凭证等。

机制凭证是计算机自动生成的，它不需人工干涉，故这种方式产生的凭证及时、准确、效率高。

(2) 会计数据审核方式

1) 静态审核，即人工审核。将计算机中的凭证打印出来，然后由人工将其与手工凭证进行一一核对。

2) 屏幕审核。是指会计电算化信息系统中提供审核模块，它将需要审核的凭证一一显示在屏幕上，财会人员对屏幕上显示的凭证进行人工审核。

3) 二次录入校验。指重复输入校验。对同一张凭证上的数据，分别由两个操作人员单独输入，然后由计算机程序自动进行两次录入数据的核对，如果不完全相等，则显示出错信息。这种校验方法对凭证数据输入的完整性和准确性可提供较高的保证程序，但由于相同数据的重复输入，必然使效率降低。在实际工作中，可以采用此方法对少量收款、付款凭证进行审核。

2.1.5.2 会计数据处理

在会计电算化信息系统中，会计数据处理工作都是由计算机自动完成的。目前常见的会计数据处理方式有成批处理和及时处理两种。

(1) 成批处理。指定期收集会计数据，按组或按批进行处理。例如，输入并审核1~50张凭证后，要求计算机对50张凭证进行记账，或者输入并审核了一天或一周的凭证后，要求计算机对一天或一周的凭证进行记账，计算机就会自动、准确、高速地将这些数据分别登记在总账、明细账、日记账等"电子账簿"中。由于登记账簿的工作是由计算机自动完成的，不会出现人工记账时的错误，所以不需要进行总账和明细账的核对、总账和日记账的核对。成批处理是会计数据处理系统中使用最广泛的一种处理方式，当财会人员发出成批处理的命令后，计算机便进行成批处理。在处理过程中，人和计算机不发生任何交互作用，财会人员一般不需要介入，计算机便自动、高速地完成工作。

(2) 及时处理。当产生一数据或财会人员有一次处理要求时，计算机就立即进行处理。例如，材料核算采用先进先出法，当收到或发出一笔材料时，便要求计算机立即进行数据处理，更改材料结存文件。及时处理方式要求计算机必须随时接受处理的要求，及时进行处理。因此，对系统的响应时间、可靠性、安全性等要求都比较高。

2.1.5.3 会计信息输出

会计数据都保存在磁介质的文件中，为了使信息的使用者能够看到各种信息（如凭证、账簿、各种报表等），就需要从磁介质文件中提取信息并输出。提取会计数据并按财会人员需要的形式输出的过程称为会计信息输出。目前，会计信息输出最常见的方式有显示输出、打印输出和软盘输出方式等三种。

(1) 显示输出。指用字符或图形的形式，将磁介质文件中的会计数据，按照财会人员的要求输出到显示器上。例如，财会人员告诉计算机，需要输出1月份的应收账款明细账，计算机就对磁性介质文件中的会计数据进行加工，以财会人员要求的明细账形式显示在屏幕上。显示输出方式的特点是信息的使用者可以迅速、准确地得到所需的信息，但得到的信息不能长期保存。所以，这种方式一般用于随机查询信息。

(2) 打印输出。指用字符或图形的形式，将磁介质文件中的会计数据，按照财会人员的要求输出到打印机并打印在纸张上。例如，财会人员告诉计算机，需要将12月份的应收账款明细账以纸张的形式输出，计算机就对介质文件中的会计数据进行加工，以财会人员要求的明细账形式送到打印机，并打印在纸张上，形成可长期保存和阅读的账簿。打印输出方式的特点是信息的使用者可以方便、准确地得到永久性硬拷贝资料，并可以长期保存。

（3）软盘输出方式。指将产生的有关结果信息输出到软盘磁介质中的一种方式。如将所有会计数据保存在软盘上作为备份资料，当硬盘中的会计数据被破坏时，可以用此备份资料进行恢复；如将会计凭证保存在软盘上，以便下次记账使用；再如将报表数据保存在软盘上，为主管部门进行报表汇总提供资料等。

2.1.5.4 会计数据存储

在电算会计信息系统中，无论是记账凭证、账簿，还是会计报表都是以数据库文件形式保存在磁介质中。一个文件由若干条记录组成，一条记录由若干个字段组成。数据库、文件、记录、字段的关系见图2-4所示。

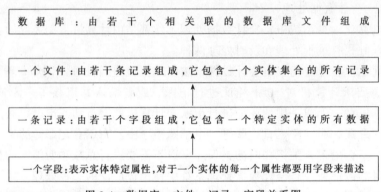

图2-4 数据库、文件、记录、字段关系图

2.1.6 会计电算化系统运行要求

2.1.6.1 会计电算化系统运行环境的要求

会计电算化系统运行环境的要求，是指实现会计电算化应具备的物质基础，即对实现会计电算化所需硬件和软件的要求。

（1）对硬件的基本要求

各单位应根据实际情况和财力状况，选择与本单位会计电算化工作规划相适应的计算机机种、机型和系统软件及有关配套设备。实行垂直领导的行业、大型企业集团，在选择计算机机种、机型和系统软件及有关配套设备时，应尽量做到统一，为实现网络化打好基础。

具备一定硬件基础和技术力量的单位，可充分利用现有的计算机设备建立计算机网络，做到信息资源共享和数据实时处理。客户机/服务器体系具有可扩充性强、性能/价格比高、应用软件开发周期短等特点，大中型企事业单位可逐步建立客户机/服务器网络结构；采用终端/主机结构的单位，也可根据自身情况，结合运用客户机/服务器结构。

由于财务会计部门处理的数据量大，数据结构复杂，处理方法要求严格，安全性要求高，各单位用于会计电算化工作的电子计算机设备，应由财务会计部门管理。硬件设备比较多的单位，财务会计部门可单独设立计算机室。

（2）对软件的基本要求

配备会计软件是会计电算化的基础工作，选择会计软件的好坏对会计电算化的成败起着关键性的作用。配备会计软件主要有选择通用会计软件、定点开发、通用与定点开发会计软件相结合三种方式，各单位应根据实际需要和自身的技术力量选择配备会计软件的方式。

1）各单位开展会计电算化工作初期应尽量选择通用会计软件。选择通用会计软件投资少，见效快，在软件开发或服务单位的协助下易于应用成功。

选择通用会计软件应注意软件的合法性、安全性、正确性、可扩充性和满足审计要求等方面的问题，并考虑软件服务应便利，软件的功能应该满足本单位当前的实际需要，以及今后工作发展的要求。

各单位应选择通过财政部或省、自治区、直辖市以及通过财政部批准具有商品化会计软件评审权的计划单列市财政厅（局）评审的商品化会计软件，在本行业内可选国务院业务主管部门推广应用的会计软件。小型企业、事业单位和行政机关的会计业务相对比较简单，应以选择投资较少的微机通用会计软件为主。

2）定点开发会计软件包括本单位自行开发、委托其他单位开发和联合开发三种形式。大中型企业、事业单位会计业务一般都有其特殊需要，在取得一定会计电算化工作经验以后，也可根据实际工作需要选择定点开发的形式开发会计软件。

3）会计电算化初期选择通用会计软件，会计电算化工作深入后，通用会计软件不能完全满足其特殊需要的单位，可根据实际工作需要适时配合通用会计软件定点开发配套的会计软件，选择通用会计软件与定点开发会计软件相结合的方式。

配备会计软件要与计算机硬件的配置相适应，可逐步从微机单用户会计软件，向网络会计软件、客户机/服务器会计软件发展。

4）配备的会计软件应达到财政部《会计核算软件基本功能规范》的要求，满足本单位的实际工作需要。

5）会计核算电算化成功的单位，应充分利用现有数据进行会计分析和预测，除了选择通用会计分析软件或定点开发会计分析软件外，还可选择通用表处理软件对数据进行分析。

6）部分需要选用外国会计软件的外商投资企业或其他单位，可选用通过财政部评审的外国商品化会计软件。选用未通过财政部评审在我国试用的外国会计软件，应确认其符合我国会计准则、会计制度和有关规章制度，具有中文界面和操作使用手册，能够按照我国统一会计制度要求，打印输出中文会计账、证、表，符合我国会计人员工作习惯，其经销单位具有售后服务能力。

（3）要求建立计算机硬件、软件和数据管理制度

计算机硬件、软件和数据管理制度的主要内容有：

1）保证机房设备安全和计算机正常运行是进行会计电算化的前提条件，要经常对有关设备进行保养，保持机房和设备的整洁，防止意外事故的发生。

2）确保会计数据和会计软件的安全保密，防止对数据和软件的非法修改和删除。

3）对正在使用的会计核算软件进行修改，对通用会计软件进行升版和计算机硬件设备进行更换等工作，要有一定的审批手续；在软件修改、升版和硬件更换过程中，要保证实际会计数据连续和安全，并由有关人员进行监督。

4）健全计算机硬件和软件出现故障时进行排除的管理措施，保证会计数据的完整性。

5）健全必要的防治计算机病毒的措施。

2.1.6.2　会计软件的安装

（1）安装前的准备工作

每个会计软件都有其特定的安装方法、安装程序和运行环境要求，因此，安装前应认真阅读系统的使用说明书，并作好必要的准备工作。

1）清理计算机硬盘。是指对计算机硬盘空间和硬盘上原有的文件进行彻底清理并认真进行一次清除硬盘病毒的工作。

清理硬盘的工作应与系统运行环境要求统一起来考虑，这是因为计算机原有操作系统的种类和版本可能与软件的要求不一致。如果出现这种情况，最好对硬盘进行格式化。

2）校准计算机时钟。计算机时钟在系统运行过程中一直被使用，机内记录的日期和时间对会计系统的正常工作具有极大作用，所以必须校准。校准的方法可使用 DATE 和 TIME 命令。

3）做好软件源盘的备份。

4）按会计软件要求安装汉字系统。

5）安装软件加密卡。目前我国的商品化会计软件一般都有加密卡，安装软件前应事先安装好加密卡。

（2）会计软件的安装方法

会计软件一般需要安装在硬盘中才能运行，各种通用会计软件安装方法不尽相同，归纳起来大致有三种：

1）使用软件提供的安装程序进行安装。目前大部分通用会计核算软件采用这种安装方式。会计核算软件安装程序一般存放在 1# 盘内。文件名一般为 INSTALL.BAT、INSTALL.EXE 或 SETUP.EXE。安装时将软件安装盘（1# 盘）置于 A 或 B 驱动器，调用会计核算软件安装程序，屏幕即出现安装提示画面。按提示依次插入相应软盘，直至最后一块为止，系统安装即告完毕。置于光盘上的会计软件通常都有安装程序，使用方法与软盘安装相同。

各种会计软件一般都规定了系统安装的子目录，安装时取路径的默认值即可，通常也可由用户选择安装路径，如有特殊情况不使用系统规定的路径，只要修改默认路径即可将系统安装到相应子目录中。

2）使用 COPY 方式进行安装。有些小型会计软件系统，文件不多，也没有特定的目录层次结构。安装这些会计软件只要在硬盘上建立规定的子目录，然后直接使用 COPY 命令将软盘上的文件 COPY 到硬盘相应子目录中即可。这种方法只适用于比较简单、软盘文件未经压缩的会计软件的安装。

3）使用相应的解压缩软件进行安装。有些简单的会计软件文件较大，一块软盘放置不下，只能压缩后置于软盘中。这样的软件需使用相应的解压缩程序进行安装。需要注意的是，安装时使用的解压缩软件及版本必须与压缩文件时使用的软件一致，否则无法安装。如果是使用 DOS 系统中的 BACKUP 命令压缩存储的文件，使用 RESTORE 命令安装时，两个命令的 DOS 版本必须一致。

2.1.6.3　会计软件运行环境的匹配

会计软件的运行需要一定的环境支持，会计软件的运行环境包括计算机硬件、操作系统和汉字系统等。因此软件安装完毕后需要做环境适配设置工作。会计软件的适配设置是为了保证购买来的通用会计软件能与使用单位的具体运行环境相适应。这是因为社会上流行的计算机、显示卡、打印机的型号、规格很多，每一种型号的显示器、打印机都需要有相应的驱动程序才能正常工作，不同的汉字系统也需要不同的显示文件相配合。通用会计软件为了适应尽可能多的设备使用，一般都配备有适配设置文件。适配设置文件中包括若干个常用的显示驱动程序和打印驱动程序，适配设置就是在这些驱动程序中选择适合自己使用的设备驱动程序装入系统。会计软件的适配设置工作主要包括 CPU 型号、显示卡类型、打印机型号和汉字系统等适配设置。

（1）会计软件环境适配的设置方法

1）软件安装过程中设置。在软件安装到一定的环节时系统提示用户进行某些设置，用户按系统提示输入对应内容，甚至只要在系统给出的菜单上选择对应项目即可完成设置工作。

2）运行环境适配设置文件进行设置。运行环境适配设置文件进行设置工作，是在系统安装完毕正式运行之前进行。环境适配设置文件名通常为 SETUP。运行该文件按系统给出的提示，即可完成设置工作。

（2）系统配置文件和自动批处理文件的修改

商品化会计软件一般对系统配置文件（CONFIG.SYS）和自动批处理文件（AUTOEXEC.BAT）的内容都有一定的参数要求。这些要求随软件不同而不同，但一般都要求系统同时打开文件的个数（即 FILES）在 40 以上，缓冲区的个数（即 BUFFERS）在 35 以上。对自动批处理文件的修改，多数软件采用安装时自动将机内原有的这两个文件改变扩展名后保留在系统中，然后将新的文件写入 C 盘根目录。但也有些软件需要用户自己进行修改。因此，软件安装完毕应查看一下这两个文件，若文件内容与软件要求不同则应按说明书的要求进行修改。

2.1.6.4 注意事项

会计电算化系统的安装和环境适配设置，需要注意以下问题：

（1）系统的安装和环境适配在整个软件使用过程只需进行一次。特别是软件重新安装会使原有系统中的数据全部被破坏，因此除非必须，一般不要重新安装。

（2）我国目前的商品化会计软件使用时一般都需要使用加密卡，加密卡一般安装在打印机接口上，在加密卡上再接打印机电缆口。系统安装后无法运行通常是加密卡没有安装好，此时应在关闭电源情况下重新安装。

（3）用户更换硬件设备如显示卡、打印机或更换汉字系统时一般应重新进行环境适配。

（4）系统运行时死机或花屏，一般是显示卡或汉字系统适配错误，应重新调用适配设置程序进行设置。有时甚至需要调用汉字系统的适配文件进行适配设置，如关闭直接写屏功能等。

（5）系统运行时如果出现内存不够或某文件不存在等错误提示，错误的原因一般是系统配置文件 CONFIG.SYS 中的 FILES 或 BUFFERS 的值偏小。如果这两个参数已达到软件的要求，则此时需在 CONFIG.SYS 文件中加入扩充和优化内存管理的有关语句。

2.1.6.5 会计电算化系统维护

系统维护一般包括四个方面的内容。

(1) 软件维护

软件维护是指根据实际需要修改部分程序和有关文档资料。软件维护是系统维护工作中最重要的内容之一，分三种类型：

1) 正确性维护。会计核算软件投入实际使用后，还会存在某些在测试和试运行阶段没有发现的隐含错误，需在使用中改正，保证系统正常运行。

2) 适应性维护。当软件的运行环境发生变化时，需要对软件进行适应环境变化需要的维护。

3) 完善性维护。改进现有系统中某些设计不合理、功能不完善的模块，优化软件设计，提高运行效率的维护。

(2) 数据文件维护

指由于会计业务发生变化，或运行过程中因为各种故障而出现的数据问题，需对数据文件的结构和内容进行增加、修改和删除等各项操作。

(3) 编码维护

指原编码体系满足不了业务的变化需要，修改原编码或建立新编码体系的维护。

(4) 运行环境维护

指对会计核算软件运行的硬件和软件环境进行的维护。

2.2 系统管理

"系统管理"与账务处理系统的另一个应用程序"账务处理"共同构成会计信息系统中的重要组成部分——账务处理系统。各单位在开始使用会计软件时，首先要针对本单位的业务性质及会计核算与财务管理的具体要求进行具体设置，这种具体工作称为系统初始化。在"系统管理"中，用户主要完成系统初始化设置，包括各种代码的定义、系统参数的设定、凭证类型的定义以及会计月份管理等工作，这些初始化设置都是今后进行账务处理工作的基础与前提。

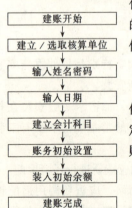

图 2-5 建账流程图

2.2.1 建账流程图

在手工记账方式下，任何单位在进行会计业务处理前，必须对单位的记账方法、凭证分类、记账程序、会计期间、记账汇率等进行确定，并设立各种账簿。在电算化信息系统中，这些初始化工作称为建账，建账步骤和内容可用流程图方式简单表示，如图2-5所示。

2.2.2 账套及账套账务参数设置

账套设置即建立核算单位，就是在系统中为单位建立一套核算账套。具体设置账套时，只要按照软件系统的提示，结合本企业的实际情况选择输入账套的说明参数，系统即可自动按号数要求建立一套账。对账套的描述参数主要包括：账套号、账套名称（单位名称）、企业性质、会计科目编码方案（即各级科目的编码位长）、启用年月（即账务系统开始使用的年月）、记账本位币、汇率方式、打印纸类型和会计主管的姓名、密码等等。

根据单位财务管理的需要，按独立核算单位划分，具备完整科目核算体系的会计核算对象，其全部会计信息构成一个账套。账套是保存一套完整会计核算资料的特定名称，亦即一个账套保存一个独立核算单位或部门的会计资料，这些资料保存在一个独立的文件中。一般会计软件系统允许同时建立多个账套（核算单位）。各账套之间，数据和操作相对独立，互不干扰。提供这一功能，财务部门就可以帮助其下属的某些部门各自实行独立核算，各建一个独立账套来处理账务。

2.2.3 操作员权限设置

操作员权限设置又称人员管理或财务分工，即设置允许操作使用本系统的操作人员姓名及操作权限。凡是本企业的财会人员一般均应有权操作使用本系统，但按内部控制制度的要求，企业的财会人员又有严格的岗位分工，不允许其越权操作。

财务系统软件中每一账套设置一名系统主管，主管在系统中的作用相当于财务负责人，对系统具有最高的操作权限。系统主管确定操作使用人员人数，并为每一名操作人员分配工作权限，从而保证无关人员无法进入相关系统，防止工作人员越权操作。

操作人员工作权限划分的基本原则是：

（1）不相容的职权必须分离。如记账凭证的制单与审核不能是同一个人。

（2）不相容的岗位必须分离。如出纳不能兼作记账凭证的输入工作。

（3）不同的处理层次一般应该分离。如凭证的输入、记账、结账应分离。

（4）需要重点保证数据安全的工作应与其他工作分隔。如支票管理应由专人负责。

（5）其他制度特别规定需要分隔的应该分隔。如系统的开发、维护人员不应进行正常业务处理工作。

2.2.4 凭证类型设置

账务系统允许用户按自己的习惯设置凭证类型。如通用格式的记账凭证、收款凭证、付款凭证与转账凭证等。

2.2.5 常用摘要定义

常用摘要，是系统为方便今后的凭证输入，帮助用户规范摘要而设定的功能。用户将本企业常用的摘要进行定义（主要定义摘要码和摘要内容），今后输入凭证时，只需要输入对应的摘要码（代号），系统就会自动给出摘要内容。如：提现（TX）、固定资产折旧（GDZJ）、报差旅费（BCLF）等。

2.2.6 汇率管理

汇率管理功能是专为外币辅助核算服务的。通过此功能，用户可随时对各种外币的汇率进行增加、修改、删除。特别是使用月初汇率记账的用户，每月初可通过此功能输入本月使用的记账汇率，每月月末再通过本功能输入月末汇率，系统就进行汇兑损益计算。

2.2.7 结算方式设置

任何企业的会计业务中均有与银行的资金结算业务，这类业务需要经常对账。为了便于管理和提高银行自动对账的效率，账务系统一般要求用户设置与银行的资金结算方式。设置内容主要有：结算方式编号、结算方式、支票管理。

2.3 总　　账

日常账务处理是在账务初始化的基础上，利用账务系统的各种功能完成单位的日常会计核算,并进一步为单位财务管理和经营管理准备基础数据,提供有关信息资料。日常账务处理的任务是通过输入和处理各种记账凭证,完成记账工作,查询和打印输出各种记账凭证、明细账和总分类账,同时对部门、项目、个人往来和单位辅助账进行管理。

2.3.1 会计科目设置

会计科目设置是通用账务系统所有初始设置工作中工作量最大也是最重要的设置之一。用户应根据本单位的业务处理需要及特点,按系统的要求设置会计科目。

2.3.1.1 会计科目的设置方式

会计科目具体设置方式有两种:一种是直接采用原有会计科目,将已整理后的会计科目直接录入到计算机中;另一种是根据电算化的特点对原有科目进行调整。账务处理系统提供了对会计科目的设立和管理功能,用户可以根据业务的需要方便地增加、插入、修改、查询、打印会计科目。

2.3.1.2 会计科目的设置内容

设置会计科目应由具有建账权限的操作人员进行,设置时必须从一级科目开始逐级设置明细科目。设置的内容主要有:

(1) 科目代码。在账务系统中,为了便于计算机识别和处理会计数据,需要对每一会计科目进行编码。根据我国现行会计制度,为保证会计数据口径一致,财政部对一级会计科目的代码的名称作了统一规定,对其他各级会计科目的名称只做了原则规定和说明。设置科目代码时,一级科目代码应该使用财政部统一规定的代码。其他各级科目码应按使用单位的实际情况,在满足核算和管理要求的基础上自行设置。通常对会计科目编码采用分组的顺序码。编码时还需注意以下问题:

1) 科目编码需具有惟一性。

2) 科目编码要在满足核算和管理的前提下适合计算机识别和分类处理。

3) 科目编码应简单明了,便于操作人员记忆和使用。

4) 科目编码既要反映科目间的统属和逻辑关系,便于分类,也要尽量减少位数,以免增加输入和运算工作量,增加出错的可能性。

5) 考虑到单位业务的扩展和管理要求的不断提高,科目编码还应具有一定的扩展性,以便需要时使代码能够灵活地进行增删。

另外还需注意,科目编码应输入全码。科目编码的全码,即从一级科目至本级科目的编码。

以科目级次设为三级、一级科目长度为三位、二级科目长度为二位、三级科目长度为二位为例,科目的编码可设置成:

101	现金
10101	人民币户
10102	美元户
102	银行存款
10201	银行存款—建行长沙行
1020101	银行存款—建行长沙行—人民币户
1020102	银行存款—建行长沙行—美元户

```
1020103           银行存款—建行长沙行—牡丹卡
10202             银行存款—工行长沙行
109               其他货币资金
```

（2）科目名称。要求输入本级科目的名称，如科目编码为10101，科目的全称为：现金—人民币户，则其本级科目的名称为：人民币户。

（3）科目类型。即科目性质，包括：资产、负债、所有者权益、成本、损益。

（4）助记码。帮助记忆科目的符号。可采用科目名称的汉语拼音字头编码。如现金科目的助记码可为：XJ。

（5）账类。即辅助核算的账类。在通用账务系统中，除完成一般总账、明细账核算外，一般还可提供一些辅助核算功能，如个人往来核算、单位往来核算、部门往来核算、项目核算等，还有银行账和日记账。账类设置即设置该科目需要登记上述某一种或几种辅助账。

（6）计量单位。即进行数量金额核算的科目的数量计量单位。若描述计量单位，即表示该科目需要进行数量金额核算，系统会自动登记数量金额式账。

（7）外币名称。即进行外币核算的科目所使用的外币名称。若描述外币名称，即表示该科目需要进行外币核算，系统会自动登记复币式账。

（8）账页格式。即该科目开设的账簿的明细账格式。包括：金额式（三栏式）、复币式（原币金额式）、数量金额式、数量外币式等。

2.3.1.3 会计科目的建立

（1）个人往来科目的建立

会计科目中有专门用于核算单位与本单位职工之间资金往来业务的科目，如其他应收款和其他应付款等。为清楚地核算管理这类资金往来业务，对这类科目的设置在账务系统中可采用以下三种方法：

1）与手工核算同样的设置方法。即在总账科目下直接设立多个二级科目，每个二级科目对应一个职工名称，通过这些二级科目核算与每个职工的资金往来（或通过二级科目划分业务类型，再通过三级科目对应一个职工名称）。若采用此种科目设置方法，则在科目账类描述中，不能将最低级科目描述为个人往来核算。某单位个人往来科目的设置见表2-1。

个人往来科目的设置　　　　　　　　表2-1

科目编码	科目名称	科目类型	助记码	账　类	计量单位	外币名称	账页格式
119	其他应收款	资产	QTYSK				金额式
11901	张三	资产	ZS				金额式
11902	李四	资产	LS				金额式
11903	王五	资产	WW				金额式

2）仅设立总账科目，并将总账科目描述为个人往来核算，而与单位有资金往来业务的单位的职工在建立其个人档案材料后，可通过系统管理功能核算管理此类业务。此时可将上述例子的设置改为如表2-2的形式。

个人往来科目的设置　　　　　　　　　　　　　　　　　　　　　　　表 2-2

科目编码	科目名称	科目类型	助记码	账　类	计量单位	外币名称	账页格式
119	其他应收款	资产	QTYSK	A			金额式

3）在总账科目下设立划分业务类型的二级科目，并将各个二级科目的账类描述为个人往来核算，同样通过系统提供的往来管理功能可核算管理此类业务。此时可将上述例子中的设置改为如表 2-3 的形式。

个人往来科目的设置　　　　　　　　　　　　　　　　　　　　　　　表 2-3

科目编码	科目名称	科目类型	助记码	账、类	计量单位	外币名称	账页格式
119	其他应收款	资产	QTYSK				金额式
11901	出差借款	资产	CCJK	A			金额式
11902	私人借款	资产	SRJK	A			金额式

（2）单位往来科目的建立

会计科目中同样有专门用于核算与本单位外部进行资金往来业务的科目，如应收账款、应付账款、预付账款等。这些科目核算的业务涉及到单位的债权债务，与单位的经济利益关系密切，特别是在市场经济条件下，各个单位对此类业务的核算和管理要求越来越高。在账务系统中，此类科目的设立与个人往来核算科目的设立一样，也有三种方法。

1）与手工核算同样的设置方法。二级科目或三级科目对应往来单位名称，但对最低级科目的账类描述不能描述为单位往来核算。某单位单位往来科目的设置见表 2-4。

单位往来科目的设置　　　　　　　　　　　　　　　　　　　　　　　表 2-4

科目编码	科目名称	科目类型	助记码	账　类	计量单位	外币名称	账页格式
113	应收账款	资产					金额式
11301	销售货款	资产					金额式
1130101	北京新兴公司	资产					金额式
1130102	上海新兴公司	资产					金额式
11302	其他款项	资产					金额式
1130201	北京大发公司	资产					金额式
1130202	天津天星公司	资产					金额式

2）仅设立总账科目，并将其账类描述为单位往来核算。通过单位往来管理功能建立各个往来单位的档案资料，并可核算管理此类业务。此时可将上述例子中的设置改为如表 2-5 的形式。

单位往来科目的设置　　　　　　　　　　　　　　　　　　　　　　　表 2-5

科目编码	科目名称	科目类型	助记码	账类	计量单位	外币名称	账页格式
113	应收账款	资产	YSZK	B			金额式

3）在总账科目下设立划分业务类型或划分往来单位类型的二级科目，并将各个二级科目的账类描述为单位往来核算。同样，通过单位往来管理功能可核算管理此类业务。此

时可将上述例子中的设置改为如表 2-6 的形式。

单位往来科目的设置　　　　　　　　　　　　　　　　表 2-6

科目编码	科目名称	科目类型	助记码	账　类	计量单位	外币名称	账页格式
113	应收账款	资产	YSZK				金额式
11301	销售货款	资产	XSHK	B			金额式
11302	其他款项	资产	QTKX	B			金额式

（3）部门核算科目的建立

计算机快速处理数据的特性为会计核算实现交叉立体核算提供了可能，部门核算和项目核算辅助科目的设立，是实现这种交叉立体核算的初步尝试。下面通过对管理费用科目的设立介绍部门核算科目的建立。在手工核算方式下，一般将管理费用的各个具体的费用项目对应建立二级科目。这样不仅可核算某一会计期的管理费用总额，还可核算某一会计期间各项管理费用的总额。但是，若想进一步核算某一会计期间内各个部门的管理费用总额及各个部门各项管理费用的总额和各项管理费用在各个部门的总额，就难以实现了。账务处理系统中，通过部门核算辅助的设立，可方便地实现上述各项功能。在账务系统中，同样可按手工方式建立管理费用的一、二级会计科目，但需对各个二级科目的账类描述为部门核算，再通过系统提供的部门管理功能建立单位各个部门的资料，此后，系统就可以完成对各个部门管理费用的分项、分部门核算与管理了。某企业管理费用科目的设置见表 2-7。

管理费用科目的设置　　　　　　　　　　　　　　　　表 2-7

科目编码	科目名称	科目类型	助记码	账　类	计量单位	外币名称	账页格式
521	管理费用	损益	GLFY	C			金额式
52101	差旅费	损益	CLF	C			金额式
52102	办公费	损益	BGF	C			金额式
52103	折旧费	损益	ZJF	C			金额式
32104	修理费	损益	XLF	C			金额式
52105	业务招待费	损益	YWZD	C			金额式
52106	水电费	损益	SDF	C			金额式

（4）项目核算科目的建立

项目辅助核算与辅助管理功能的设置，可进一步实现交叉立体核算处理，下面通过工程结算收入科目的建立介绍核算科目的建立。

假定某建筑企业的产品分为三大类，每一大类中又有多个具体产品。企业有 3 个销售部门，企业对工程结算收入的核算不仅要求核算总的工程结算收入和各类产品的销售收入，还进一步要求具体核算各个产品的销售收入及各部门的产品销售收入、分类产品销售收入和按具体产品品种明细的产品销售收入。为实现这一要求，工程结算收入科目应设置为：

　　501　　　　　　工程结算收入
　　50101　　　　　工程结算收入——甲类产品　部门核算、项目核算

50102　　　　　工程结算收入——乙类产品　部门核算、项目核算
50103　　　　　工程结算收入——丙类产品　部门核算、项目核算

2.3.1.4　注意事项

科目设置是账务系统初始化设置中最繁琐、最复杂的设置工作，同时，本单位会计核算的特点和对财务管理的特殊要求，也主要是依靠科目设置来体现的。在具体进行科目设置时，应重点注意以下几个方面问题：

（1）会计科目的建立应先建总分类科目，再建其明细科目。

（2）某一科目开始使用（即该科目输入余额或有发生额）后，该科目不仅在本年度内不能被删除，而且对该科目的编码也不能修改。

（3）会计科目体系一旦开始使用，仅可通过该功能增加各科目的同级科目，而不能在最低级科目下再增加下级科目。

（4）银行存款类科目应按本单位开设的银行存款账户设置，每个银行存款账户应在总账科目银行存款下对应设立一个二级科目。若单位只有一个银行存款账户，考虑到单位今后业务的拓展，也应设立一个二级科目。

2.3.2　期初建账

为了保证会计数据连续完整，并与手工账簿记录衔接，第一次使用账务系统时，需通过期初建账功能将一级科目和最低级科目的余额及年初至使用前各月的借贷方发生额录入。从第二年开始，各科目的年初余额可通过年初转账功能从上年各账户余额中自动结转。若某一会计科目涉及辅助核算，还应将辅助核算的期初数据输入到系统中并要求与总账账户保持一致。

2.3.2.1　总账初始余额录入

期初数据的输入通常以在屏幕上显示科目表、由用户逐个输入各明细科目的期初数据的方式进行。数据录入完毕后，通常系统将自动对数据进行校检。这些校验为：

（1）根据会计平衡公式检验资产类合计是否等于负债加所有者权益类合计。

（2）根据总账、明细账统属关系检验上级科目值与所属下级科目对应值的合计是否相等，以及辅助账的合计是否与其上级科目的对应值相等。

（3）根据复式记账原理检验所有科目的借方合计是否等于所有科目的贷方合计。

如果数据输入有错误，系统将提示修改，直至正确。

2.3.2.2　辅助核算初始余额录入

在录入期初余额时，若某一会计科目涉及辅助核算，则系统自动为该科目开设辅助账页。因此，在输入期初余额时，不能直接输入总账期初余额，而应首先调出辅助核算账，录入辅助账期初余额，输入完毕，系统自动将辅助账的期初余额之和作为该科目的总账期初余额。

2.3.3　凭证处理

凭证处理是利用账务处理系统进行日常会计核算业务处理工作中最经常性的工作，也是日常使用账务处理系统中最基础性的工作。目前的会计电算化系统是以记账凭证数据作为系统的最基础数据，记账凭证数据的正确性是决定系统输出正确与否的基础，凭证处理是整个系统数据的入口。一般账务系统的凭证处理功能主要包括：凭证输入、凭证修改、凭证审核。

2.3.3.1 凭证输入

会计电算化系统中，编制输入记账凭证主要有两种方式：一种是直接在计算机上根据审核无误的原始凭证编制记账凭证；另一种是先由人工编制记账凭证，审核后再输入计算机系统。

上述两种编制输入凭证的方式在计算机账务处理系统中均可以通过记账凭证的编辑输入功能实现。

（1）凭证输入的基本内容

由于对各个科目的核算要求不同，反映不同经济业务的凭证需要输入的内容也不尽相同，但无论是哪一种记账凭证，无论其反映何种经济业务，均需要编辑输入以下内容：

1）凭证月份和日期。即凭证编制的月份和日期。一般账务系统中，允许输入未结账月份的记账凭证。

2）凭证类型。即本凭证属于何种类型的记账凭证。账务系统中，凭证编号是按凭证类型分月连续编号，凭证编号由系统自动完成。

3）附件。即本凭证的附件张数。

4）摘要。即对本凭证所反映的经济业务内容的说明。

5）科目。要求输入最低级会计科目，如科目编码、输入科目名称或输入科目的助记码。

6）金额。即该笔分录借方或贷方发生额。金额不能为零，"红字"金额以负数形式输入。

（2）凭证的录入

1）手工凭证的录入。手工凭证的录入可以根据审核无误的记账凭证，通过键盘录入计算机，也可以根据审核无误的原始凭证直接在计算机上编制记账凭证。无论采用何种方式输入记账凭证，为了输入方便，系统都需要提供一定的输入格式。

根据现行制度的规定，为了保证录入质量和提高凭证录入的速度，各种通用账务系统软件在凭证录入时，都提供了大量的方便输入的功能。这些功能按照凭证录入的顺序说明如下：

a. 日期：输入凭证填制日期时，系统通常将进入系统的当天作为默认日期。用户可以根据需要对日期进行修改。对于日期的修改，有些通用财务软件规定为：用户可以根据需要对日期进行修改，不能修改到本月最后一次记账日期之前。例如：系统最后一次记账日期是11月20日，则新填制的记账凭证日期最多可以改到11月20日，但不能改为11月16日。这样做的目的是尽量保证会计业务的连续性和账的时序连续性。但也有一些通用软件规定为只要是本月的记账凭证就可以。用户在使用通用财务软件时应注意有关规定，以免发生数据处理错误。

b. 凭证类型：输入凭证类型时，用户如果采用分类的记账凭证，通常只需输入凭证类型编码即可。需要注意的是，必须是已定义过的凭证类型才能这样输入。同时，也可使用系统提供的帮助键参照录入。

c. 编号：记账凭证的编号由系统自动控制。编号的方法与手工会计的习惯相同，采用按月分类连续编号。输入时按回车键确认即可。在账务系统软件中记账凭证能记录的会计分录的行数一般没有限制，因此通常不会有分类编号问题。

d. 摘要：输入摘要时通常可以采用全拼、简拼、五笔、自然码等用户熟悉的汉字输入方法。为了方便会计人员，通用账务系统软件有摘要库功能。输入经过设置的常用摘要，可以使用系统提供的帮助键参照选择录入。

e. 会计科目：输入会计科目时一般只需输入科目代码，系统自动列出科目名称。会计科目必须是经过设定的最低一级明细科目。为了保证输入准确，对于输入的会计科目，系统将根据初始化设置进行必要的检验。不符合要求的，系统将不予接受，需要重输。

为了方便用户输入，也可使用有关快捷键参照选择录入。参照功能通常可以逐级进行，即直接点击科目帮助键，屏幕窗口给出全部会计科目；若输入某一科目的全码然后点击科目帮助键，则给出该科目的所有下级科目。

f. 金额：录入金额时应注意金额的方向。每一科目不允许借贷双方都有金额，也不允许双方都为零。金额可以是红字。红字金额用负数形式输入。系统对于输入的金额将进行平衡检验，借方金额合计与贷方金额合计不相等的凭证系统将不予接受，并要求改正，直至相等为止。

2）凭证录入的注意事项。凭证录入时需要注意以下问题：

a. 通用账务系统一般允许输入一借一贷、一借多贷、一贷多借甚至多借多贷的记账凭证，对一张凭证中的笔数没有限制。但用户在使用时仍应按会计制度的规定，一张记账凭证录一笔完整的会计业务，不应将不同的业务记录在同一张凭证上。

b. 对于同一往来单位来说，名称要前后一致。

c. 凭证输入完毕，系统自动将进入系统时登录的操作人员的姓名填入有关签章位置，该项内容不需输入。

d. 凭证一旦保存，则该凭证类别、编号不得再做修改。

(3) 辅助核算数据的输入

通过科目设置可知，许多会计科目在完成一般会计核算的基础上，还有进一步辅助核算的要求。为实现这些辅助核算，就要求在凭证输入过程中，凡是涉及到这些科目的分录，在输入完会计科目后，系统会根据该科目的辅助核算要求自动要求用户输入不同的辅助核算数据。

1）如果科目有外币核算要求，则系统要求用户输入外币金额和汇率。若用户的账套设置时选用的固定汇率，则系统自动取制单月份的月初汇率作为当前汇率，并不允许修改（如要修改只能在"汇率管理"功能中进行）；若用户在账套设置时选用的是当日汇率（即变动汇率），则汇率取制单月的汇率，并允许修改。用户输入外币金额和汇率并选择发生额方向后，系统自动按（外币金额×汇率）计算出金额。

2）如果科目有数量核算要求，则系统要求用户输入数量和单价，用户输入数量和单价并选择发生额方向后，系统自动按数量×单价计算出金额。

3）如果科目有单位往来辅助核算的要求，则系统要求用户输入往来单位的业务员。往来单位即该笔业务所涉及的外部单位的编码或名称；业务员即此业务的经手人。

4）如果科目有个人往来辅助核算的要求，则系统要求用户输入部门和往来个人。部门即往来个人所在的部门名称或编码；往来个人即该笔业务所涉及的单位内部某一职工的编码。

5）如果科目有部门辅助核算的要求，则系统要求输入部门，即输入该笔业务所属部门的编码或名称。

6）如果科目有项目辅助核算的要求，则系统要求输入项目，即该笔业务所属的项目的编码或名称。

7）如果科目是银行类项目，则系统要求输入票据日期、结算方式和票号。票据日期即该笔业务发生的日期；结算方式即银行结算方式的编码；票号即结算号或支票号。

（4）辅助凭证输入功能

为方便凭证输入，提高输入速度，软件提供了许多辅助凭证输入功能。

1）常用摘要输入。输入摘要时，可直接输入摘要内容，但若是常用摘要，将这些常用摘要定义后，可直接输入常用摘要的编码，系统将自动转化为对应的摘要内容。也可以通过系统提供的引导输入功能，从定义的常用摘要中选择所需摘要。

2）常用凭证输入。通过常用凭证定义，可将经常发生的业务的分录格式定义为常用凭证。输入凭证时，系统提供了对常用凭证的调用键。若是碰到此类业务，可通过常用凭证功能调用键直接调入常用凭证，以加快凭证的输入速度。

3）编码的提示输入。凭证输入时，为提高输入速度，要经常输入编码，如摘要编码、科目编码、往来单位编码、单位编码等。为辅助这些编码的输入，系统提供了参照输入功能，通过参照输入功能，可直接从屏幕提示中选择所需内容，也可输入部分编码后，从屏幕根据输入的部分编码所筛选的提示中选择。

2.3.3.2 凭证修改

凭证输入时，尽管系统提供了多种控制错误的措施，但出现错误凭证是难免的，记账凭证的错误必然影响系统的核算结果。为更正错误，系统提供了对凭证修改的功能。财务会计制度和审计对错误凭证的修改有严格的要求，根据这些要求，在电算化账务处理系统中，对不同状态下的凭证有不同的修改方式。

（1）错误凭证的"无痕迹"修改

所谓无痕迹，即不留下任何曾经修改的线索和痕迹。

在电算化账务处理系统中，有两种状态下的错误凭证可实现无痕迹修改：

1）凭证输入后，还未审核或审核未通过的凭证。

2）尽管已通过审核但还未记账的凭证。

未通过审核的错误凭证可通过凭证的编辑输入功能直接进行修改，已通过审核的凭证应首先通过凭证审核功能取消"审核通过"后，再通过凭证的编辑输入功能进行修改。

（2）错误凭证的"有痕迹"修改

所谓有痕迹，即留下曾经修改的线索和痕迹。电算化系统是通过保留错误凭证和更正凭证的方式留下修改痕迹的。在账务处理过程中，若发现已记账的凭证有错，要求对此类凭证的修改留下审计线索。

在电算化账务系统中，对已记账的错误凭证只允许采用"红字冲销法"进行修改。所谓红字冲销法，即将错误凭证采用增加一张"红字"凭证全额冲销，若需要，再增加一张"蓝字"凭证补充的方法。如：

某企业从建行自己的账户上提取现金5000.00元，但输入反映该笔业务的付款凭证时，发生错误，通过银行对账发现，将5000.00元的发生额错输入为50000.00元，为修改此错误凭证，此时只能采用红字冲销法。

首先通过一张红字凭证将错误凭证冲销：
借：现金　　　　　　　　　　-50000.00
　　贷：银行存款——建行　　-50000.00
然后再编制一张蓝字凭证进行补充：
借：现金　　　　　　　　　　5000.00
　　贷：银行存款——建行　　5000.00

通过红字冲销法增加的凭证，应视同正常凭证，进行凭证的保存和管理。

凭证的修改应由具有凭证修改权限的操作人员进行。需要对凭证进行修改时，可通过系统功能菜单进入凭证修改。修改时，根据日期和凭证类别、凭证编号，调出需要修改的凭证，逐项修改错误内容。

2.3.3.3　凭证审核

凭证审核，即审核凭证的合法性。凭证审核的目的是防止错弊。会计核算涉及到国家、单位和个人的切身经济利益，而记账凭证的准确性是进行正确核算的基础，因此，在手工处理系统中，对手工编制的凭证必须经过第二人审核后才能登账。在电算化账务处理系统中，无论是直接在计算机上根据已审核的原始凭证编制记账凭证，还是直接将手工编制并审核后的凭证输入系统，因为又经过了人的操作处理，因此，还需要经过他人的审核后，才能作为正式凭证进行记账处理。

电算化账务处理系统中为实现凭证审核提供了凭证审核的功能。通过该功能，既可审核凭证（审核人员通过签章操作签章后，即表示该凭证通过审核），还可对已审核凭证取消审核（通过取消签章）。按会计制度的要求，具有凭证审核权的人员只能审核他人输入的凭证。

2.3.4　记账

手工会计中，记账是一项非常辛苦的工作，而在电算化账务处理系统中，记账工作由系统自动进行。当然，计算机根据记账凭证的记账处理过程与手工记账是不同的。

2.3.4.1　记账原理

在电算化账务处理系统中，实际上并不存在手工意义上的账簿，所有的账簿数据均以电子数据的形式（数据库文件方式）在系统中存放。从系统内部的处理过程来看，记账处理实际上是会计数据在不同数据库文件之间的传递。当然，在数据传递过程中，伴随有数据的运算处理。

通过上面的凭证处理工作可知，作为账务处理系统基础数据的记账凭证数据，尽管从要求上讲，输入系统并经过审核签章后即成为合法数据，但由于审核通过的记账凭证仍然可通过凭证的审核功能取消审核签章并进行"无痕迹"修改，因此仅仅审核通过但未记账的凭证实际上还未正式成为合法有效的凭证（手工系统也是如此），而只有经过记账处理后的凭证才是真正合法有效的凭证数据。从这一点来看，记账实际上成为形成系统正式有效数据的一个半成品，通过记账处理，正式形成了系统的基础数据。这是记账处理的主要功能目标。

从系统的内部处理过程来看，通过凭证输入功能输入的凭证，首先暂时存在一个临时数据库文件中，凭证审核签章操作（或取消审核签章操作）实际上都是对这个临时数据库文件中数据的修改处理。这个临时数据库文件中存放的数据，由于其不稳定性，并不能作为产生系统输出而进行的各种数据处理的基础数据。通过记账处理，系统自动将这个数据库中的数据（通过审核的）转移到另外一个稳定的数据库文件中，该数据库文件中的数据是不能被修改的。当然，系统为了方便地形成系统的输出（账簿输出、报表输出、辅助核算、辅助管理信息资料的输出等），还同时自动运算处理形成了其他一些稳定的数据库文件。

2.3.4.2 记账过程

记账是由有记账权限的操作人员登录系统，调用系统的记账功能，选择完记账凭证后由系统自动完成，具体的记账处理过程不需要操作人员进行干预。在一般账务系统中，记账处理过程包括：

（1）选择记账凭证。即使用者通过此过程的操作控制计算机系统本次记账处理的记账凭证对象，一般通过记账凭证的月份、凭证类型、凭证号（或凭证号范围）等指标进行控制。

（2）对选择的记账凭证进行合法性检验。这项检验工作是系统自动进行的，主要是检验是否有不平衡凭证。尽管这项检验已在凭证输入时进行过，这里的再次检验主要是为了防止计算机病毒对数据造成的破坏及对系统数据库文件的非法操作所造成的数据破坏。通过系统检验，若发现错误数据，系统将自动提示用户，并中断以后的记账处理过程。只有当所选范围内的所有记账凭证均检验通过后，才能进行记账处理。

（3）打印记账凭证汇总表。这项工作是否进行，是由用户选择的。用户可选择打印，也可不选择打印。无论何种选择，均不影响今后的记账处理。

（4）正式记账。如前所述，电算化账务系统中的记账处理实际上是一个数据在不同的数据库文件中的传递过程。当然，在这个数据传递过程中还伴随有对数据的运算处理过程。为确保数据的安全，在正式记账处理过程中，系统首先将记账前各数据库的状态进行保护（通过对其进行备份），然后进行具体的数据传递和运算处理并形成新的数据。

2.3.4.3 记账过程中的数据处理

账务处理系统中的记账处理，不仅是一个数据的传递过程，而且还要进行数据的运算处理。会计信息中，科目的余额（包括期初余额、期末余额和当前余额）、科目的发生额（包括某一会计期间的合计发生额和本年累计发生额）是最基本的会计核算数据。在账务系统中，这些核算数据的来源，一方面是通过初始化设置中的余额录入功能形成；另一方面，是通过记账功能由系统根据记账凭证数据自动运算产生。另外，记账功能还为银行对账、往来辅助核算账、部门辅助核算账、项目辅助核算账等提供基础账簿数据。图2-6所示为一般系统中记账处理的数据流程图。

2.3.4.4 对记账处理的几点说明

（1）同手工系统类似，记账处理只能对本月的记账凭证进行记账。

（2）不平衡凭证不能记账。

（3）记账过程中不得中断退出。

（4）如果记账中断是发生在系统正式记账开始前，用户可直接重新记账。但如果记账中断是发生在正式记账过程中，应在重新记账前，先通过系统提供的"恢复记账前状态"功能恢复上次未完整记账处理前的状态后，再重新进行记账处理。

（5）每月的记账次数是任意的。

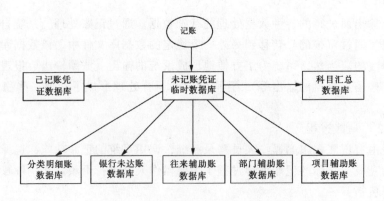

图 2-6 记账处理的数据流程图

2.3.5 期末业务处理

期末业务是会计部门在每个会计期末都需要完成的特定业务，这些业务数量不是太大但处理较复杂。由于期末业务处理的主要数据来源于账簿记录，各会计期间的多数期末业务处理具有很强的规律性，比较适合计算机进行自动处理。因此在系统中，期末业务的处理主要是由计算机根据用户的设置自动进行的。

一般单位的会计核算期末业务处理主要包括：各种成本费用的结转、汇兑损益的结转和各类账户试算平衡、对账、结账等工作。

2.3.5.1 各种成本费用和汇兑损益的结转

在传统手工会计核算中，各种成本费用和汇兑损益的结转处理往往是比较繁琐复杂的。在电算化账务处理系统中，通过系统初始化设置工作，可将每月这些固定的处理业务的处理模式在系统中定义。每月末基础业务全部处理完成后，即可由系统自动生成对这些业务的会计描述凭证，进一步对这些凭证审核记账后，即完成了具体业务的处理。

使用转账凭证生成功能需要注意以下几个问题：

(1) 转账凭证模板必须事先进行设置。

(2) 转账凭证中各科目的数据都是从账簿中提取经处理后生成的，为了保证数据的完整、正确，在调用转账凭证模板生成转账凭证前必须将本月发生的各种具体业务登记入账。

(3) 期末的摊、提、结转业务具有严格的处理顺序，其基本的处理顺序是：工资、折旧费用的计提→其他待摊、预提费用的摊提→辅助生产成本结转→制造费用结转→生产成本结转→产成品结转→销售成本、费用、收入结转。结转顺序如果发生错误，即使所有的转账凭证模板设置都正确，转账凭证中的数据也可能是错误的。为了避免结转顺序发生错误，转账凭证模板提供了转账序号，进行期末的摊、提、结转业务处理时，通过指定转账顺序号就可以分期、分批完成转账和记账工作。

(4) 结转生成的记账凭证系统将存于未记账凭证库，这些凭证还需要进行审核和记账操作才能记入账簿。对这些凭证的审核主要是审核是否正确。对于错误的结转凭证，系统一般不提供修改功能，修改这些凭证的错误只能通过修改设置来进行。

(5) 期末结转工作是一项比较复杂而又重要的工作，应由指定的专人进行。

2.3.5.2 试算平衡、对账

账账相符、账证相符、账实相符，是会计核算完整性、真实性的要求。在手工处理方

式下，会计人员需通过进行账证核对和账账核对实现账账相符的要求，电算化账务处理系统中，由于计算机自动记账处理的一致性、客观性和正确性，实际上已确保了账证相符和账账相符。但是，由于难以避免的计算机病毒和非法操作对计算机系统及系统数据的影响，可能会破坏已有的正确性，因此，在部分计算机账务处理系统中，为在期末结账前进一步确保账证相符和账账相符，仍然保留了控制系统进行自动试算平衡与自动对账的功能。用户一般应在每月月底结账前，通过调用试算平衡和对账功能，再一次进行正确性检验。试算平衡功能就是将系统中所设置的所有科目的期末余额按会计平衡公式"借方余额＝贷方余额"进行平衡检验，并输出科目余额表及是否平衡信息。对账功能是对各个账簿的数据进行核对，以检查各个对应账户数据是否平衡。若发现错误，系统将自动记录错误出处，并可输出这些错误信息。

2.3.5.3 结账

手工会计处理方式下，每月月底都需要进行结账处理。结账实际上就是计算和结转各账簿的本期发生额和期末余额，并终止本期的账务处理工作。在电算化账务处理系统中，也设计了本功能。电算化账务系统中，结账主要完成如下工作：

（1）停止本月各账户的记账工作。
（2）计算本月各账户发生额合计。
（3）计算本月各账户期末余额并将余额结转下月月初。

进行期末结账处理时，应注意以下问题：

1) 各科目的摊、提、结转工作必须在结账以前完成。这些期末结转业务可以采用手工编制记账凭证，输入计算机进行结转，也可以利用系统提供的自动转账凭证设置功能设置自动转账凭证进行结转。

2) 当月输入的记账凭证必须全部记账，如有未记账的当月凭证，系统将不能结账。结账后就不能再输入该月凭证。

3) 上月未结账，本月无法结账。结账必须按月连续进行。

4) 结账后产生的账簿和报表才是完整的，结账前产生的账簿和报表不一定能反映该月的全部业务。

5) 每月只能结账一次，因此一般结账前应做数据备份，如果结账不正确可以恢复重做。

6) 有些通用账务系统初始设置中需要设定每月的结账日期，使用这些软件必须在规定的日期进行结账，否则系统将不予结账。

7) 结账过程同样不允许无故中断系统运行或关机。为了避免结账过程发生意外，结账中一般不要启动房间中与计算机同一线路的大型电器。

2.3.6 账簿输出

会计账簿是会计核算的基本工具之一，在会计电算化账务处理系统中，尽管以电子数据的方式代替了纸介质账簿的数据方式，但一方面为了适应会计人员的习惯，另一方面为实现会计制度的要求，仍保留了账簿。

2.3.6.1 账簿输出方式

在计算机账务系统中，所有会计数据和系统处理产生的会计信息，均以电子数据（数据库文件）的方式在系统中存放，系统通过应用程序实现了对这些数据和信息的输出。计算机账务处理系统中的账簿输出，包括：记账凭证的输出、各科目对应账户的输出及各种日报单的输出等。无论哪一种输出，都是在系统程序的控制下，首先对系统数据进行临时处理形成该输出所需数据，然后按用户要求的输出方式和输出格式进行输出。

计算机系统中的账簿输出方式主要有两种：屏幕显示输出和打印机的打印输出。

屏幕显示，即通过计算机系统中显示器的显示屏幕进行输出，这是计算机系统最常用的输出方式。计算机系统中，许多输出的系统默认方式均是屏幕显示。

打印机，是计算机的常用外部设备，通过打印机的打印输出也是一般计算机应用系统中常用的输出方式。但是，随着打印机制造技术的发展，市场上提供了多种类型、多种型号、多种规格的打印机，用户在系统中所使用的打印机应预先通过系统设置功能进行设置，才能顺利地实现打印输出。

2.3.6.2 账簿输出功能

一般计算机账务处理系统中的账簿输出功能如图2-7所示。

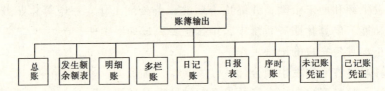

图 2-7 账务处理系统账簿输出功能图

按会计制度的规定，在计算机账务处理系统中，可通过科目的发生额及余额表代替总账，因此，部分系统中保留了总账，而部分系统中则取消了总账输出。另外，由于计算机系统打印输出的限制，会计制度允许日记账以活页账的方式代替原来的订本账。

2.3.6.3 凭证输出

凭证输出是账簿输出的基本功能，因为账务系统中的凭证有两种状态，即已记账状态和未记账状态。因此，系统的凭证输出设置了两个功能程序，即已记账的凭证输出和未记账的凭证输出。两个功能程序中均包括如下具体功能：

（1）引导用户选择输入对所需输出凭证的限定条件，主要包括：凭证的日期范围、凭证类型、凭证号范围等。

（2）按标准格式依次逐张输出所选范围内的记账凭证。

（3）对所选凭证进行汇总处理，并输出凭证汇总表。

在实际应用中，凭证输出功能给用户带来了极大的方便。通过凭证输出，不仅可查询系统中各种记账凭证的情况，还可以通过打印输出已记账凭证，将系统输出的记账凭证作为正式记账凭证存档。另外，通过凭证汇总表输出功能打印输出凭证汇总表可辅助用户进行凭证档案管理。

2.3.6.4 账簿输出

计算机系统快速运算、筛选处理数据的功能，为系统的账簿输出提供了方便。从图2-7中可见，计算机账务系统中，不仅可形成并输出传统手工方式下的总账、明细账、多栏式账和日记账，而且进一步增加了科目的发生额及余额表、日报单和序时账的输出。特别是在通过计算机处理后，不仅各类账簿的输出格式进一步规范，统一标准，而且其内容也进一步灵活。

（1）总账输出。不仅可输出任一总账科目（一级科目）的总账，而且可输出任一非总账科目的"总账"。

（2）明细账输出。不仅可输出任一科目的三栏式明细账，而且可根据科目设置中的定义，按科目特殊要求的明细账格式进行输出，如：数量金额式、复币式、数量外币式等格式。

（3）多栏式账。包括普通多栏明细账和增值税多栏明细账。普通多栏明细账输出，系统将根据对应科目的性质自动选择多栏展开方向；增值税多栏明细账输出，系统自动按借贷双方同时展开多栏。

（4）日记账。不仅可按标准格式输出现金日记账和银行存款日记账，而且可根据会计科目设置中的要求，输出任一末级科目（最低级科目）的日记账（若希望系统通过该功能输出某科目的日记账，可在科目设置时选择设置日记账的账簿类型）。

（5）科目发生额及余额表。可输出任一会计期内所有会计科目（或所有总账科目）的本期借贷方发生额、期初余额及期末余额。

（6）日报单。输出反映任一天业务的所有凭证的科目汇总情况，且可以选择科目的汇总级次。

（7）序时账。序时账是系统为方便用户进行综合查询而设计的功能。用户可按系统的引导选择输入多种限定条件的组合，系统将根据这些组合条件迅速形成数据，并按明细账（流水账）的格式输出。

2.4 报　　表

会计报表是会计核算工作的结果，是反映会计主体财务状况、经营成果和财务收支情况的书面材料，也是财会部门提供财务信息资料的重要手段。会计报表的编制过程就是对有关会计信息进行集中、整理和再加工的过程。由于计算机的快速运算能力和海量存储能力，使其在会计中的应用越来越广泛，从而摆脱了手工编制报表的大量操作。

在电算化环境下，会计报表的编制产生了许多与手工方式下不同的程序和方法，并且表现出一定的规律性，即各个财务软件一般都提供了会计报表子系统或会计报表模块，帮助用户及时、方便编制需要的各种会计报表；各个不同的会计报表子系统都具有基本相似的工作过程和使用方法。

2.4.1　会计报表

企业的会计报表主要包括资产负债表、损益表、现金流量表、各种附表以及附注说明。它们从不同的角度说明企业的财务状况、经营业绩和现金流量状况。会计报表可以按照不同的标准进行分类。

（1）按照报表所反映的经济内容，可分为反映财务状况的静态报表如资产负债表和反映经营成果的动态报表如损益表。

（2）按照会计报表的编报时间，可以分为月报、季报、半年报（中报）和年报。

（3）按照会计报表编制单位，可以分为单位报表和汇总报表。

（4）按照会计报表各项目所反映的数字内容，可以分为个别会计报表和合并会计报表。

(5) 按照会计报表的服务对象,可以分为内部报表和外部报表。

(6) 按照会计报表的结构,可以分为简单报表和由几个简单报表嵌套而成的复合报表。

2.4.2 会计报表系统

随着计算机的产生与发展,人们不仅将计算机技术与现代会计相结合设计出各种会计核算软件,而且将计算机技术与会计报表的编制方法相结合设计出专门用于报表数据处理的软件,即报表系统。

2.4.2.1 分类

目前的报表系统主要有:专用会计报表系统、通用会计报表系统和财经电子报表系统三类。

(1) 专用会计报表系统

专用会计报表系统是把会计报表的种类(张数)、格式和编制方法固定在程序中,报表有变化,程序就需要随之修改。对于不能适用会计报表随着时间和地点的转移,其种类、格式和编制方法都需要变化的特点的报表系统,称之为专用报表系统。这种软件操作简单,当报表格式、内容、编制方法等发生变化时,只有程序编写人员改变程序后才能继续使用,而一旦离开专设的系统程序员,系统就很难保证正常运行,不利于报表系统的推广应用。

(2) 通用会计报表系统

通用会计报表系统能够提供一种通俗易懂的方法,由使用者根据自己的情况定义会计报表的报表种类(张数)、格式和编制方法。计算机根据使用者的定义,从现有的其他模块(如账务处理模块)提供的数据库资源中提取数据,自动生成会计报表的全部内容。因此,这类报表系统对编制会计报表非常实用。但是,由于这种软件专业性强,即只能从与该软件相配套的数据库中提取会计数据,功能简单,使用受到限制。

(3) 财经电子报表系统

电子报表的发展时间较早,最初并不完全是为会计工作设计的,而主要是应用于办公自动化。目前世界流行的电子表系统有 EXCEL、Lotus123 等,我国自行开发的 UFO 财经电子表系统,已拥有广泛的用户。财经电子表系统的主要功能是通过一张很大的棋盘表来编辑、处理、传送并输出各种报表。本节将以财经电子表软件为例,介绍报表系统的工作原理。

2.4.2.2 报表系统处理流程

根据计算机编制报表的工作内容,会计报表软件的工作流程可分为四步,即:报表名称定义、报表格式、数据处理公式设置及报表编制和报表输出。如图 2-8 所示。

2.4.2.3 报表系统的主要功能

各种报表系统一般都能提供下述功能:文件管理功能、格式管理功能、数据处理功能、图形功能、打印输出功能和其他功能。其功能结构如图 2-9 示。

2.4.2.4 报表系统的基本概念

(1) 报表结构

就报表结构的复杂性而言,报表可以分为简单表和复合表两类。

1) 简单表。简单表由若干行和列组成,如资产负债报、损益表等。如表 2-8 所示。

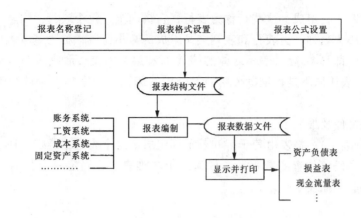

图 2-8 计算机报表编制流程

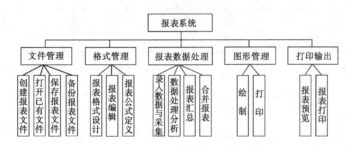

图 2-9 UFO 会计报表系统功能结构图

损　益　表　　　　　　　　　　　　　　　　表 2-8

编制单位：长沙 WW 公司　　　2001 年 12 月 31 日　　　　　　　　　　　　　单位：元

项目	本月金额	本年累计数	项目	本月金额	本年累计数
一、营业收入			管理费用		
减：营业成本			销售费用		
营业税金			…		
二、营业毛利润					
减：营业费用			净利润		

2）复合表。复合报表由多个简单报表组合而成，还可能出现表中套表的现象。

（2）报表结构的基本要素

无论是简单表还是复合表，其格式一般都由标题、表头、表体和表尾四个基本要素组成。

1）标题。用来表示报表的名称。报表的标题可不止一行，有时会有副标题、修饰线等内容。

2）表头。表头主要用来描述报表的编制单位名称、编制日期、编制计量单位、报表栏目名称等内容。有的报表表头栏目简单，只有一层；有的报表表头栏目复杂，分若干层次，也就是说，大的表栏下分若干小栏目，小栏目下又分更小的栏目。在通用报表系统中，最小的栏目称为基本表元（表单元），包含有小栏目的上层栏目称为组合表元。

3）表体。表体是一张报表的中心，是报表数据的主要表现区域，是报表的主体。表体在纵向上由若干行组成，这些行称为表行；在横向上，每个表行又由若干个表栏目所构成，这些栏目称为表列；由表行和表列交叉组成的最小区域，称为基本表单元。表单元可以用坐标表示，即（X，Y）表示表体的第 X 行和第 Y 列交叉形成的表单元。

4) 报尾。表体以下进行辅助说明的部分以及编制人、审核人等内容都是表尾所包含的内容。

（3）报表文件及报表

1) 报表（表页）。报表由若干行和若干列组成。这个表是二维表。通过行和列可以找到这个二维表中任何位置的数据。在任何一个二维表中，确定一个数据所在位置的要素为：〈行〉、〈列〉。如表 2-9 所示。

二 维 表　　　　　　　　表 2-9

	A	B	C	D		A	B	C	D
1						3			
2						4			

2) 报表文件。在报表系统中，报表文件（有的称工作簿）是报表系统中存储数据的基本单位，它以文件的形式保存在磁介质中，报表系统中的打开、关闭、保存等命令都是根据报表名字进行处理的。每个报表文件都有一个名字，名字由"名称"、"."、"扩展名"三部分组成。"名称"可以根据需要设置，不同的报表系统有不同的扩展名。如在 EXCEL 报表系统中，报表文件扩展名为"XLS"，有"资产负债表.XLS"、"损益表.XLS"等。在 UFO 报表系统中，扩展名为"REP"，有"资产负债表.REP"、"损益表.REP"等。

每个报表文件可以包含有多张报表。为了便于管理和操作，一般把经济意义相近的报表放在一个报表文件中，如"资产负债表"报表文件中就可以包含 1 月到 12 月共 12 张资产负债表，每张资产负债表都是一张二维表，将多个相同的二维表叠在一起形成一个三维表。可以说，报表文件就是一个三维表。这时，寻找某一个数据的要素需要增加一个，即表号，在报表文件中确定一个数据的要素为：〈表页名或表页号〉、〈行〉、〈列〉。

3) 组合单元和区域（块）。任何一张报表均有行和列。由行和列确定的方格为单元。一般行号用阿拉伯数字（1，2，3，…）表示，列号用英文字母（A，B，C，…）表示，单元的名称由表示其列的字母和表示其行的数字组成，如第 3 行 4 列的单元用"D3"表示。在报表系统中，每个单元中可以填列公式、数字、文字等内容。

区域（块）由一组单元组成，自起点单元至终点单元上一个完整的长方形矩阵。区域是二维的，最大的区域是一个表页的所有单元，最小的区域是一个基本表单元。

组合单元是由相邻的两个或更多的单元组成的区域，这些单元必须是同一种单元类型。如果要对多个相邻单元进行相同的操作，定义组合单元和区域可以简化工作。

4) 单元内容。单元内容可以是数值型数据、字符型数据、公式和关键字。

a. 数值型数据。如 123、540.08 等。

b. 字符型数据。如"流动资产"、"资产总计"等。

c. 公式。公式用符号"="开始，后面跟一个包含数字、运算符、单元引用和函数的表达式。如表 2-9 中，单元 A4 的值是 A1、A2、A3 三个单元的和，用公式表示为：

A4＝SUM（A1：A3）

d. 关键字（报表标识符）。关键字是在对三维电子表进行操作时，在多个表页间起到对表页进行定位、辨识作用的一类特殊的标志。在一个报表文件中，可能会有若干张表结构相同，如一年的资产负债表，只有依靠关键字才能在若干张表中准确地找到要找的表页及表单元，进而对其进行相应的操作。在UFO报表系统中的关键字主要有：单位编号、单位名称、年份、季度、月份、日等。

5）报表格式。一个报表只有具备一定的格式才有意义。报表格式包括：

a. 表样格式。包括标题、表头、表体、表尾、表格线和所有辅助说明文字等内容。

b. 单元类型。是指对报表中每个单元的内容加以规定的类型，如字符型、数值型等。

c. 单元格式。是指报表数据的显示格式，如左对齐、右对齐、居中等。

d. 公式。是指报表或报表单元中的各种公式。如表内单元计算公式、表与表之间单元计算公式、从账务系统中提取会计数据的公式、审核公式等。另外，为了生成以千元或以万元为单位的会计报表，有些报表系统提供了舍位平衡公式。使用舍位平衡公式可方便地将一个已编好的、以元为单位的会计报表转换成以千元或万元为单位的会计报表，且经过转换的报表仍然保持原有的平衡关系。

6）格式状态和数据状态。有些报表系统将含有数据的报表分为报表格式设计工作和报表数据处理工作两大部分来处理。报表格式设计工作和报表数据处理工作是在不同的状态下进行的。

a. 格式状态。在格式状态下设计报表的格式，如设置表尺寸、表标题、表头、表体、单元属性、单元公式等。在格式状态下只能看到报表格式，不能看到报表数据。

b. 数据状态。在数据状态下管理报表的数据。如：输入数据、根据公式加工数据、舍位平衡计算、报表汇总等。在数据状态下不能修改报表格式，但能看到报表全部内容，包括格式和数据。

2.4.2.5 报表格式设计

报表格式设计是数据录入、数据计算处理的基础。报表格式设计的内容主要有：设置报表尺寸、表标题、表日期、表头、表尾和表体固定栏目、画表格线、设置单元属性、单元风格等。

常见的报表格式设计方式有直观状态定义报表格式和非直观状态定义报表格式两种。

非直观状态定义报表格式一般用于DOS版报表系统，这种方法定义报表格式不直观，目前少用。

直观状态定义报表格式方法，常用于Windows版报表系统，即可以在格式状态下，直接在单元中定义报表格式。由于系统有"所见即所得"的特性，使其操作更为简便。很多报表系统采用了类似于电子报表软件Excel的界面，在屏幕显示的网格上可以直接填充文字、设置格式；当报表行、列、文字、字体等不合适时，也可以直接在整张表上改动。

在Excel报表系统、UFO7.0报表系统中均可用这种方式进行报表格式设计。下面以表2-10简单表为例介绍其编制方法。编制完成后的报表格式如表2-11所示。

（1）创建新报表文件

当启动报表系统后，就要应用创建新报表文件的功能，建立一个报表文件。此时，一张空电子表展现在用户面前，我们可以在报表文件中设计报表格式。

销 售 情 况 分 析 表　　　　　　　　　　　　　　　　　　　表 2-10

单位名称：WW 公司　　　　　　2001 年 12 月　　　　　　　　　　　　单位：元

销售网点	1季度	2季度	3季度	4季度	合计
北京					
上海					
广州					
重庆					
合计					

销 售 情 况 分 析 表　　　　　　　　　　　　　　　　　　　表 2-11

	A	B	C	D	E	F
1						
2			销售情况分析表			
3		单位名称：WW公司		2001年12月		单位：元
4	销售网点	1季度	2季度	3季度	4季度	合计
5	北京					
6	上海					
7	广州					
8	重庆					
9	合计					

（2）定义报表标题

选择报表标题所在的单元，然后输入标题"销售情况分析表"。

（3）输入报表日期和编制单位

会计报表中的日期和编制单位是不可缺少的。因为在报表系统中各月份报表的取数公式相同，只靠日期等关键字来区分不同会计期间的数据，并进行数据采集和运算。但是，在格式设计状态下，只需要确定要输入的具体日期、编制单位的输入位置。

（4）输入表头行

如：在 A4—F4 单元区域输入表头栏目，分别选择 A4、B4、C4、D4、E4、F4 单元，依次输入"销售网点"、"1季度"、"2季度"、"3季度"、"4季度"、"合计"等内容。

（5）输入表体中的固定栏目内容

同理，依次选择 A5～A9 单元输入各网点名称和合计文字。

（6）画表格线

选择需要画网格线的数据区域，利用画网格线命令，便可以画出符合要求的各种网格线。

（7）设置单元格式

单元格式是指单元内容的显示形式，包括字体、颜色图案、对齐方式的折行显示等。UFO 报表系统提供了多种字体、字型、字号、单元颜色、对齐方式、折行显示、单元预览等功能。

（8）报表保存文件

报表格式设计完以后,最好使用报表保存文件的命令将其保存到硬盘或软盘上,以防止机器故障或人为错误造成损失。

2.4.2.6 设置报表公式

在报表格式设计完毕后,需要转换到数据处理状态填写报表数据,这样就得到包含格式和数据的完整报表。在计算机条件下,使用报表系统,报表中的数据获取方法与手工编表相比发生了很大变化:对于一小部分最基本的、最原始的报表数据,必须通过手工直接输入的方法获取;对于表内小计、合计等数据,通过建立单元公式自动计算的方法获取;对于需要从其他报表中获取的数据,通过建立表与表之间数据连接公式的方法获取;对于需从账簿中提取的数据,通过建立账中取数函数公式,自动从账务核算系统或其他会计核算系统中采集数据。由于大部分报表的单元公式,以及获取数据的方法相对稳定,在以后各月中不要进行大的变动,当会计期发生变化时,系统自动根据定义的公式和获取数据的方法采集数据。因此在报表系统中,合理地利用获取数据的方法,能够大量节省编制报表的时间,减少编制错误。

(1) 报表公式的分类

一个变动单元可用的公式是多种多样的,一般可分为计算公式和非计算公式。计算公式也就是前面所说的运算公式,即单元的取数和计算公式。非计算公式包括审核公式、舍位平衡公式和图形公式等。图形公式是将表格形式转换为图形分析方式的公式。

(2) 常用的计算公式

计算公式又可分为两大类:取数公式和单纯的统计、计算公式。

1) 表页内直接输入单元公式。

在报表系统中,有些报表单元的数据不是直接录入的,而是通过设置表内运算公式并执行公式运算得到的。这类数据不需按手工方式填入,而是根据数据的勾稽关系,通过建立单元公式,系统自动计算出这些数据填入相应的单元中,单元公式一次定义可多次使用。数据间的勾稽关系采用自动连接方式。当原始数据发生变化时,目标数据将自动改变。如定义表2-11中销售网点北京四季度的合计数公式:选择F5单元,输入公式F5 = B5 + C5 + D5 + E5。定义北京、上海、广州、重庆1季度的合计数的计算公式:选择B9单元,输入公式B9 = B5 + B6 + B7 + B8。

2) 建立从账务系统中获取数据的公式。

a. 提取账务系统数据的意义。在许多报表中,报表数据并不一定来自报表系统本身,而是来自账务处理、工资核算等报表系统之外的子系统。将账务系统中会计账簿的有关数据直接通过单元计算公式提取到相关有会计报表中,将会给报表的编制带来极大的方便,既避免了数据的失真,又节约了时间,提高了效率。

通用会计报表系统一般都提供了账务函数,账务函数架起了报表系统和账务处理关系之间数据传递的桥梁。账务函数的使用可以实现账表一体化,利用账务函数定义单元链接公式,每期的会计报表无需过多操作,系统就会自动将账务系统的会计数据传递到会计报表中。但是,不同的报表系统提供的账务函数分类和格式不尽相同,并且只限于提供与报表系统相配套的账务处理中的数据,这是各种报表系统需要进一步改进的地方。

b. 账务函数的分类和格式。目前,各种报表系统都有账务函数,其格式和分类略有不同。在UFO系统中,共提供了45种账务函数,见表2-12所示。

财 务 函 数 表　　　　　　　　　表 2-12

	期初余额	期末余额	发生额	发生净额	计划数
总账	QC	QM	FS	JE	JH
数量账	SQC	SQM	SFS	SJE	
外币账	WQC	WQM	WFS	WJE	
个人往来账	AQC	AQM	AFS		
个人往来外币账	AWQC	AWQM	AWFS		
单位往来账	BQC	BQM	BFS		
单位往来外币账	BWQC	BWQM	BWFS		
部门往来账	CQC	CQM	CFS		CJH
部门往来数量账	CSQC	CSQM	CSFS		
部门往来外币账	CWQC	CWQM	CWFS		
项目核算账	DQC	DQM	DFS		
项目核算数量账	DSQC	DSQM	DSFS		DJH
项目核算外币账	DWQC	DWQM	DWFS		

账务函数的基本格式如下：

(a) 取期初余额函数：函数名（"科目编码"，会计期，"方向"，账套号）。如：

金额：QC（"科目编码"，会计期，"方向"，账套号）

数量：SQC（"科目编码"，会计期，"方向"，账套号）

外币：WQC（"科目编码"，会计期，"方向"，账套号）

(b) 取期末余额函数：函数名（"科目编码"，会计期，"方向"，账套号）。如：

数量：SQM（"科目编码"，会计期，"方向"，账套号）

金额：QM（"科目编码"，会计期，"方向"，账套号）

外币：WQM（"科目编码"，会计期，"方向"，账套号）

(c) 取发生额函数：函数名（"科目编码"，会计期，"方向"，账套号）。

(d) 取发生净额函数：函数名（"科目编码"，会计期，"方向"，账套号）。

(e) 取计划数函数：函数名（"科目编码"，账套号）。

参数说明：

科目编码：也可以是科目名称。如果是科目名称，则不能重名，且必须用双引号将科目括起来。

会计期：可以是"年"、"季"、"月"变量，也可以是具体的数字表示的年、季、月。

方向：为科目的记账方向，如"借"或"贷"，"收"或"付"。

账套号：数字，缺省时系统的默认数据来源为第一套账"01"。

c. 账务函数的应用。以资产负债表中账务函数取数公式为例：

在"货币资金期初数"单元格式输入公式：= QC（"101"，月，01）+ QC（"102"，月，01）+ QC（"109"，月，01）。其含义是：货币资金期初数的数值来源于账务处理系统第 01 套账中现金科目、银行存款科目及其他货币资金科目当月月初余额之和。

在"货币资金期末数"单元格式输入公式：= QM（"101"，月，01）+ QM（"102"，月，01）+ QM（"109"，月，01）。其含义是：货币资金期末数的数值来源于账务处理系统第 01 套账中现金科目、银行存款科目及其他货币资金科目当月月末余额之和。

运用运算符及函数把一些特定的内容联结起来就形成了报表取值运算公式。同时由于使用通用性的关键字（如"月"代表全年各个具体的月），使得报表后续的数据采集变得非常方便。因此，在报表系统中通过预先定义一组针对各表单元的计算公式，让以后所有对单元的操作，如赋值、运算、取数等都能自动进行，这样使得会计报表编制真正实现了电算化。

3）建立表表之间获取数据公式。

表表之间获取数据，是指同一报表文件中不同报表（表页）之间通过数据连接获取数据。实际中，财会人员常常将经济意义相同但会计期间不同的报表存放在一个报表文件中，有些新报表的数据是从历史报表中获取的。如一个报表文件"销售报表.REP"中存放着 12 张销售分析报表（表 2-13 是其中的一张表页）。

本月报表中：本年累计数 = 本月合计 + 上月报表中本年累计

销 售 分 析 表　　　　　　　　　　　　　　表 2-13

2001 年 12 月　　　　　　　　　　　　　　　　　　　　　　　　　　　　　单位：万元

销售网点	本月合计	本年累计	销售网点	本月合计	本年累计	销售网点	本月合计	本年累计
北京	1500	15000	上海	2000	25000	广州	1200	17000

下面是 UFO 报表系统中表表之间获取数据计算公式的几个例子：

【例1】　某表当前月（如 8 月份）的表页的 C6 单元的值等于该表文件上第二个月（6 月份）的表页的 C6 单元的值，则 C6 单元的取数公式为 C6 = SELE（C6，月@ = 月 + 2）。其中，"月@"表示当前表页关键字上的月份值，等号右边的"月"表示欲取表的月份，可由系统按照关系式"月@ = 月 + 2"计算。如当前月为 8，则公式右边的参数"月"的值为 6 时，才能使公式左右两边相等。

【例2】　"损益表.REP"中 D 列代表本年累计数，其数据是本月 C 列的值加上上月 D 例的值，公式可设为 D = SELE（D，月@ = 月 + 1）+ C。

【例3】　系统提供了用于进行多表页立体汇总的计算公式，即立体求和公式。如将本年各月的损益表的数据汇总生成损益汇总表，并将汇总表存放在一个自动生成的名为"SYHZB"的报表中，其公式为：TOTAL TO "SYHZB" FOR 年 = 2001。

4）建立不同报表文件间获取数据的公式。

这是指不同报表文件里某表页上的某个或某些单元的数值来自另一个表文件中某表页。有以下几种情况：

a. 不同报表文件之间相同月份数据的获取。这是指一个报表文件 A 中存放着同一类若干个月的表页，另一个文件 B 中存放另一种同类若干个月的表页。报表文件 A 中的某单元中的各月数据从报表文件 B 中某单元取得。如，1 月份资产负债表中 H33 单元"未分配利润"的数据来自 1 月份利润分配表中 D9 单元"未分配利润"的值，则其取数计算公式为：H33 = "SYB"→D9 RELATION 月@ WITH "SYB"→月

b. 不同报表文件间不同月份报表数据的获取。如"AA"报表文件各表页 A 列取自"SS"报表文件各表页 S 列数据。A = "SS"→S RELATION 月@ WITH "SS"→月 + 1

c. 不同报表文件之间不同年度报表数据的获取。

例如，2002年1月份的"CC"表中B7单元的数值等于上年12月份"DD"表C7单元的数据，则公式为：B7 = "DD"→C7 RELATION 年@ * 100 + 月@ WITH("DD"→年 + 1) * 100 + "DD"→月 − 11

WITH右边的年指的是2001年，月代表12月。年@、月@分别表示当前年和当前月，它们的值来自当前表的关键字。

(3) 常用的非计算公式

1) 审核公式。在各类财会报表中，每个数据都有明确的经济涵义，并且数据间往往存在着某种对应关系，称为勾稽关系。例如，资产负债表中资产的合计等于负债与所有者权益之和，这种平衡关系就是勾稽关系。如果在资产负债表编制完成后，发现没有满足这种平衡的勾稽关系，即可以肯定该表在编制过程中出现了错误。

在UFO报表系统中定义资产负债表的公式时，可以通过审核公式对资产和负债加所有者权益的勾稽关系进行检查。例如，C36 = F36 MESS "资产总计不等于负债加所有者权益总计"，这个公式的涵义是：检查报表中C36单元的值是否等于F36单元的值。如果不等，则在屏幕上显示"资产总计不等于负债加所有者权益总计"的出错信息。

2) 舍位平衡公式。将以元（或其他单位）为单位的报表通过进位计算变成以百元、千元或万元为单位的报表时，原始的平衡关系可能会被破坏，不能满足财务报表中应有的平衡要求，应该进行调整，以保证经舍位后，报表仍能保持既定的平衡关系。

应用舍位平衡公式时，在报表中定义舍位平衡公式，并告诉计算机舍去几位后，计算机便可以按照用户的要求，自动、快捷地进行计算、测算，完成舍位和平衡处理，并按照要求生成一张舍位后的报表。例如，选择编辑舍位平衡公式功能，进入公式编辑窗，输入已设计好的舍位平衡公式：

REPORT "SWB"　　　　　　（涵义：建立一个新表，表名为"SWB"）
RANG　C6：C13，F6：F13　（涵义：舍位范围是从C6到C13，F6到F13）
WE I2　　　　　　　　　　（涵义：舍2位，即将所有数值都除以100）
FORM C13 = C10 + C11 + C12 （涵义：舍位后的平衡要求是：C13 = C10 + C11 + C12，
F13 = F6 + F8 + F12　　　　F13 = F6 + F8 + F12）

不同的报表系统舍位平衡公式的定义方法有所不同，但只要结合具体报表系统的使用说明书，便可以完成舍位平衡公式的定义。

2.4.2.7　报表的数据处理

设置了报表格式和报表公式只是定义了报表的结构，如果想要得到填有需要数据的报表，还需要进行报表的数据处理，即报表编制。报表的编制是由计算机在人的控制下自动完成的。

以UFO报表系统为例，报表的格式和公式设计在格式状态下进行，而报表的数据在数据状态下输入和运算。因此，编制报表时首先需要将状态转换到数据状态。

(1) 打开已有的报表，即进入数据状态；或者可以在格式状态下选择"进入数据处理"，此时，就可以在表页中输入关键字和基本数据了。

(2) 输入关键字。关键字的值和表页中的数据是相关联的，所以要在数据状态下在每张表页上录入关键字的值。在此录入的关键字的值有具体单位名称、具体年度、具体月份等。

（3）输入基本数据。有些报表的单元数据在公式定义时不能事先定义，需要在报表编制时，临时输入。

（4）报表生成。对于只包含表内单元公式的报表的生成，基本不需输入关键字。而包含账务函数的报表编制则需要输入关键字，通过关键字告诉系统取哪个期间的数据，输入不同的关键字即可生成不同会计期间的格式相同而数据不同的多张报表。

在需要编制报表的报表文件中，追加一张新表页，输入关键字后，系统将自动根据取数公式从账务系统中提取数据，生成报表。

在报表编制过程中，系统将对公式的格式进行检查，如有语法或句法错误，系统将给予提示。但应注意的是，检查正确不等于公式的逻辑关系也正确，系统对公式的逻辑关系不进行检验，也很难进行检验。

报表系统的日常工作主要是每月末编制报表并将编好的报表打印输出。每月编制报表前首先应将当月业务处理完毕（既包括日常业务的处理，也包括期末摊、提、结转业务的处理）并结账。编制季度和年度报表也应按此原则处理。

2.4.2.8　报表输出

通过会计报表格式、公式的定义和报表的数据处理后，生成了各种会计报表数据库文件，但生成的数据库文件还难以直观地反映出各种会计报表的内容，不便于会计报表使用者阅读，而且直接输出会计报表库文件也不利于会计档案的保存。因此，必须对生成的会计报表进行输出加工，以输出合乎规范、便于阅读、通俗易懂的会计报表。

（1）报表输出方式

报表处理系统中报表的输出方式一般有以下几种：

1）屏幕显示输出。这种输出主要为用户检查报表设置和编制是否正确，因此为了显示尽量多的实质性内容，不是很必要的表格线一般不显示。

2）打印输出。为了方便用户打印出满意的报表，系统一般都提供打印设置功能，该功能可以对报表使用的字体、字号作设定以调整报表的字体的大小；可以对行距和列距进行设定来调整报表的大小；另外还可以根据打印的需要设置页边距、页眉、页脚、纸张来源等。用户在打印报表前应使用该功能对相应内容进行设置，以得到满足需要的会计报表。通过打印功能输出的是按正规要求生成的正式报表。可使用报表系统提供的［打印设置］命令进行设置。

3）磁盘输出。磁盘输出是将各种报表以文件的形式输出到磁盘上。报表使用者特别是上级主管部门、总公司可以直接用磁盘中的报表进行报表汇总。

4）网络传输。网络传输是指通过网络将各种报表从一个工作站传递到另一个或几个工作站，只要报表使用者的计算机在此网络中，便可以在各自的计算机上查看报表。设置的公式清单供用户检查公式设置用。

（2）报表输出的内容

报表输出的内容包括以下几个方面：

1）输出报表结构。输出报表的结构是指输出不包括数据，而包括报表结构参数，如表样（标题、表头、表体、表尾）、尺寸、表单元类型、各类公式的空白表。

2）输出编制完整的报表。输出包括报表结构和报表数据的完整的报表。

3) 输出能被其他系统接收的数据。是指将报表数据以一定的形式,如以 DBF 数据库的形式,或以 TXT 文本文件的形式输出,供其他系统进行进一步加工处理,提高自身数据的兼容性与通用性。

2.4.2.9　报表数据分析

报表数据分析就是使用各种方法对报表的数据进行分析。在报表软件中一般有两种分析方法:图形分析法、视图分析法。

图形分析法是将报表中选定的数据以直方图、圆饼图、折线图等图表方式显示,使用户直观地得到数据的大小或变化的情况。

视图分析法是采用从某一张表或多张表中抽取具有某种特定经济涵义的数据,形成一张"虚表",从而达到对多个报表数据在系统生成的"虚表"中进行重新分类、对比分析效果。这种表的数据是通过数据关系公式从与其相关联的数据报表中抽取出来,反映在表上。"虚表"本身不保存数据,因此也称这种"虚表"为视图。

练 习 与 思 考

1. 如何看待会计电算化的演变及发展趋势?
2. 会计电算化与会计手工处理有什么联系与区别?
3. 会计电算化有什么特点?
4. 会计电算化信息系统的功能与结构是怎样的?
5. 简述建账流程图中每个框的含义与实现步骤。
6. 怎样设置会计科目?应注意哪些问题?
7. 如何进行初期建账?
8. 凭证处理包括哪些内容?
9. 怎样进行凭证修改?
10. 会计电算化中记账原理是什么?怎样记账?
11. 期末业务处理的内容有哪些?
12. 什么是通用会计报表系统、专用会计报表系统和财经电子表系统?
13. 什么是报表格式设计?应包括哪些内容?
14. 获取报表数据的方法有哪些?
15. 在报表系统中如何编制一张完整的资产负债表?

第3章 预算电算化

3.1 预算应用软件

3.1.1 概况

自1958年以来,基本建设预算的编制办法、建筑工程预算定额和间接费用定额由各省、自治区和直辖市自主制定和管理,使我国现行的工程量计算规则和定额项目在各地区、各行业不统一。这种现状使得全国各地的定额差异很大,再加上各地的建筑形式、材料等地方特点引起的特殊规定和计算规则,使得目前我国没有出现真正意义上的通用预算软件。全国各地的软件开发商、定额管理机构,根据本地定额,开发出适用于本地的、实用的、针对性强的预算软件。

目前,我国各地的预算软件百花齐放,异彩纷呈,其中不乏精品。这些具有地方特色的预算软件往往是以其易学易用,针对性强,能充分体现预算员编制预算书的方式而获得当地广大预算员的厚爱,所以在当地的市场占有率较大。如,广西的"博奥预算系列软件"、福建的"晨曦预算系列软件"等。有些预算软件已展开了由本地向全国推广的态势,如北京的"造价大师系列软件"、广州的"华微预算系列软件"以及珠海的"清单大师"等等。

虽然全国各地、各行业的定额和工程量计算规则差异较大,但编制工程预算的基本程序和方法差异不大。只要定额库和编制预算的程序分离,通用的程序套用本地定额和规则,便可实现程序全国通用。基于这个新的程序设计思想,目前不少建筑预算软件开发商直接放眼全国,采用程序、数据分离模式,开发出全国通用的预算应用软件。如北京广联达公司和海口神机电脑科技有限公司开发的预算系列软件,是较早使用这种开发技术的具有代表性的产品。

海口神机电脑科技有限公司是一家专业从事"可视、智能"工程预算软件研究、开发、销售与服务的高科技企业。它的"神机妙算工程预决算系列软件"自1992年推出以来,不断获得工程预算人员的好评。目前"神机妙算"软件已在全国广泛应用,为我国工程预算电算化事业的发展做出了一定的贡献。

"神机妙算"概预算软件主要由三类软件模块组成——工程量自动计算软件模块、钢筋自动计算软件模块、工程套价软件模块。还可根据不同的专业工程、地区配搭相应的专业工程预决算模块,从而形成一系列通用灵活、覆盖面广的软件产品。

近年来,随着我国市场经济体制的建立和发展,建筑工程"定额定价"将逐渐向"市场定价"转化,并逐步与国际惯例接轨。这种大环境也决定了我国目前这些预算软件是一种过渡期的产品。

所谓的"市场定价"是指工程造价通过市场竞争形成并通过合同形式约定,而真正做到"合同约定,依法结算"。"市场定价"的模式是"工程量清单计价",自1999年工程造价改革试点以来，改革力度不断加大。至2002年，全国各地逐渐推行具有中国特点的工程量清单计价办法。

为适应工程造价的改革，各预算应用软件的开发商纷纷行动起来，有的将原套价软件改版，增加工程量计价功能，有的重新开发，推出全新的工程量清单综合报价软件。如珠海易达建信科技有限公司近年推出的"清单大师"，形成了异军突起之势。

易达"清单大师"系列软件涉及工程造价全过程，包括工程估算、设计概算、工程量清单、标底预算综合价格、投标报价综合价格、中标综合价格、工程量调整及工程付款、工程结算等过程，是国内首先实现全过程工程造价文件编制、造价管理、造价信息共享的系统。在本书的附录一中，将对该系列中的工程量清单综合报价系统的使用作简单介绍。

3.1.2 预算应用软件处理数据的流程

预算应用软件处理数据的流程见图3-1。

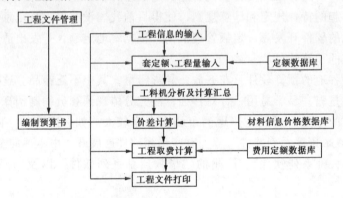

图3-1 预算应用软件处理数据典型流程

3.1.2.1 工程文件管理

工程文件管理主要包括工程文件的新建、打开、保存、复制、删除等。

3.1.2.2 编制预算书

（1）工程信息的输入。工程信息包括：工程名称、工程预算书封面的有关内容、设置工程密码等，以及进行工程编制说明的编辑。

（2）查套定额、工程量输入。这部分主要工作包括：查套定额、工程量录入、定额换算，然后计算汇总，得到直接费等。

（3）工料机分析。得出工程的人工、材料、机械使用情况的相关汇总数据。

（4）价差计算。根据材料市场价，计算材料价差合计。由于装饰工程预算在计算直接费时采用材料的市场价，所以不进行价差计算。

（5）工程取费计算。即根据当地工程预算定额费用标准，选择取费项目和费率，并计算出单位工程的总造价。

（6）打印工程文件。即打印预算书中各种报表。

在使用预算软件时，还要经常进行有关数据库管理，如建材信息价格库、补充定额数据库、补充材料库的更新维护。

在工程总造价产生之前的任何一个环节出错，都将产生一个不正确的总造价。因此，必须了解软件处理数据的流程,才能进行软件的正确使用以及报表的数据审查,以确保得出合理正确的工程总造价。

3.1.3 预算应用软件的一般功能

预算应用软件的一般功能主要包括电子表格编辑功能和计算器功能。

3.1.3.1 电子表格编辑功能

预算应用软件中,最常用的电子表格编辑功能包括数据库中数据编辑和数据块操作。这些操作可以采用鼠标点击快捷菜单的方式,也可以采用快捷键的方式。记住一些常见的电子表格编辑快捷键,对编辑预算报表很有帮助。常见的电子表格编辑快捷键见表 3-1。

常见的电子表格编辑快捷键　　　　　　　　　　　表 3-1

数 据 库 数 据 编 辑			
F1	在线帮助		
Enter（单击左键）	进入编辑状态或完成单元格输入		
Home	编辑状态下光标回到编辑字段的首字符		
	非编辑状态下光条回到数据库首字段		
End	编辑状态下光标回到编辑字段的末字符		
	非编辑状态下光条回到数据库末字段		
BackSpace	向左删除光标字符或删除选定区域		
Delete	删除当前光标字符或删除选定区域		
^Home（拖动右边滚动光条）	光条回到数据库的第一行记录		
^End（拖动右边滚动光条）	光条回到数据库的最末记录		
^PgUp（拖动下边滚动光条）	光条回到数据库当前页的第一行记录		
^PgDp（拖动下边滚动光条）	光条回到数据库当前页的最末记录		
PgDn/PgUp（拖动右边滚动光条）	数据库的翻页操作		
^Y（单击删除按钮）	数据库删除记录		
^N（单击插入按钮）	数据库插入记录		
数 据 库 数 据 块 操 作			
Shift + PgUp/PgDn	定义块	^C	将块复制到剪贴板
^X	将块剪切到剪贴板	^V	将剪贴板的内容取回

注:1. ^等于 Ctrl 键,以上括号中拖动、双击、单击均指鼠标操作。

2. 剪贴板相当于临时文件。

3.1.3.2 计算器功能

预算应用软件常携带计算器功能,一般有两种:科学计算器和公式计算器。科学计算器只提供简单的计算功能,而公式计算器能列式计算,对编制预算的人员来说,比较方便。如博奥预算软件所携带的公式计算器,见图 3-2,在框内输入表达式并回车,即可计算出结果。

3.1.4 预算应用软件的安装及系统维护

3.1.4.1 预算应用软件的安装

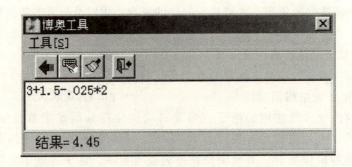

图 3-2 公式计算器

(1) 系统需求

586 以上微机，中文 WIN95 以上或 WINDOWS NT 中文操作系统；

40MB 以上硬盘空间；

16MB 以上内存；

显卡：支持 800×600 分辨率。

(2) 软件安装

将安装光盘放入光驱，运行 SETUP 文件，单击"下一步"（或回车），直至出现"完成"。安装完成后，返回 WINDOWS 开始菜单，可见到预算应用软件放在桌面的快捷图标，用鼠标双击即可进入系统。

软件安装后会产生一些存放程序和数据的目录，如：材料信息目录；预算文件数据库、工作库目录；帮助目录；图像目录；文件信息、文件汇编、计算规则目录；工程取费目录；系统文件目录；临时文件目录等等。

3.1.4.2 预算应用软件的系统维护

预算应用软件的系统维护，指在软件的使用过程中，为了使软件能正常运行所需做的工作。

(1) 掌握一定的计算机基础应用知识，不要随便打开软件程序文件夹、数据文件夹进行剪切、复制、删除的操作。

(2) 要有防止计算机病毒侵犯的意识，电脑上应安装有杀毒软件，经常查杀病毒。

(3) 在计算机联网时，若非必要，不要设置计算机共享，以免他人入侵您的计算机，造成工程数据的丢失或损害。

(4) 妥善保存软件光盘和相关文字资料，如软件使用指南。

(5) 应及时进行软件升级。

3.2 土建工程预算软件

本节将详细介绍土建工程预算软件的工作流程，也就是上机操作步骤。土建工程预算软件的工作流程见图 3-3。

3.2.1 工程预算文件的建立及工程信息的输入

(1) 工程文件的建立

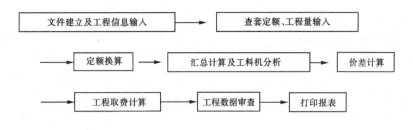

图 3-3 土建预算软件的工作流程

工程文件的建立，就是为工程数据文件取名，以达到存储工程数据的目的，它是计算机识别一个工程数据的惟一标志。有些预算应用软件用工程代号作为工程文件名。文件名的命名遵循操作系统对文件名命名的规定。

（2）工程信息的输入

工程信息的输入，相当于为工程建立一个详细的档案。该详细档案包括建筑面积、预算计算书封面信息（如工程名称、编制单位、编制日期等），以及编制类别等档案信息。

（3）工程文件的打开

文件的建立及工程信息的输入，对每个工程来说只需进行一次。此后，要对该工程的数据进行处理时，直接打开文件即可。

（4）编辑工程的编制说明

预算软件自带有一个简单的文字处理系统进行编制说明的文字录入和编辑。该文字处理系统的使用类似于 windows 操作系统中的写字板。

编制说明的主要内容是说明清楚如下事项：工程的编制依据是何种定额；工程数据来自于什么图纸；有关设计变更、签证是否依据甲乙双方签订的合同；工程的取费标准是哪种类别或施工单位的资质；材料的市场价取自于什么地方、什么时期的市场价；其他与工程预结算编制有关的说明等。

（5）工程数据加密

如果当前窗口的工程项目需要加以保护，防止工程的有关数据被他人查看或改动，工程的具体编制人员可为本工程设置密码。每个预算软件都有设置密码的功能，需要设置密码时，只需打开设置密码的按钮，输入密码即可。

3.2.2 查套定额及工程量输入的方法

在打开工程量输入窗口后，便可以进行查套定额和工程量的输入。

3.2.2.1 查套定额

软件中常用的查套定额方法如下：

（1）直接输入

所谓直接输入，即直接输入定额编号，软件就能够自动检索并提取子目的名称、单位、单价及工料机消耗量等，这一功能适合于习惯人工查套好定额再上机的用户，或非常熟悉常用定额子目编号的用户。

（2）按章节检索定额子目

按章节检索定额子目，就是模仿手工翻查定额本的过程，通过在软件界面上直接选择定额章节来查找，并用鼠标拖动提取子目。预算软件一般还提供了定额的章节说明、计算规则、工作内容以及注意事项，所以使用预算软件，一般用户都可以脱离定额，完全依靠软件数据来编制工程预算。

(3) 按关键字查询提取定额子目

按关键字查询提取定额子目,这是一种模糊查询法。例如,如果需要检索等级为 C20 的混凝土子目,只需在查询窗中输入关键字"C20",则所有定额名称中包含该关键字的定额子目都能显示出来供选择。这一功能主要用于查找不太常用的、难以凭记忆区分章节的子目。

对于初学编制预算的人来说,查套定额是一件比较费时的工作,如上所述,他们需要翻查定额书,或者在上机时打开定额库查找相关定额子目。但这都不是一种快捷方式。为了加快录入速度,整理(能记住更好)一些常用的定额子目的编号是必要的。

3.2.2.2 工程量计算

在工程量输入之前,应先了解工程量是怎样计算的。目前,工程量计算包括以下方式:

(1) 手工计算工程量

这种方法一般适用于习惯手工计算工程量的预算员或初学者。

(2) 计算式计算法

预算软件中的工程量计算式功能,模仿手工的计算过程,使用者可以按一定的规则,将类似手工书写在草稿纸上的计算步骤写入,每一步骤还能加上注释,软件就可以自动地汇总出最终工程量。这种方法,对于没有图形计算工程量软件的使用者非常实用,因为它和手工习惯几乎一致,并省去人工计算过程。如图 3-4。

00	工程量解释	工程量计算式	标准工程量
		工程建筑面积	
	B-	建筑面积	537.005
	■1层=1:建筑面积JM	247.536面积+23.213面积	270.749
	■2层=1:建筑面积JM	276.156面积	276.156
	扣二层洞	-3*3.3	-9.900
		一、土石方工程	
	01008	人工挖沟槽三类土 深度≤2m	45.103
►	■基础层=1:基槽C11	(47.6长-1.39扣交叉-3.7扣基坑)*1.1宽*0.55高	25.719
	■基础层=1:基槽CJL1	(78.2长-1.1扣交叉-25.82扣基坑)*0.84宽*0.45高	19.384
	01017	人工挖基坑三类土 深度≤2m	70.250
	■基础层=1:基坑KJ1	3数量*(2*2.7*1.25)体积	20.250
	■基础层=1:基坑KJ2	2数量*(2.2*3*1.25)体积	16.500

图 3-4 工程量计算式窗口

(3) 图形自动计算工程量

此方法的原理是将施工图中的构件按类别、规格(即属性)画在轴线图指定的位置上,然后让电脑根据属性、做法及相应的计算规则,自动算出工程量。多数采用平面绘图方式(如博奥工程量图形计算软件、神机妙算工程量图形计算软件),也有些采用三维立体空间绘图方式(如华微工程量图形计算软件)。这种计算工程量的方法直观、快速、准确。工程量图形计算软件的使用将在附录二中作详细介绍。

使用工程量图形计算软件代替手工计算工程量,是目前的发展趋势。在土建预算工作中，工作量最大最繁琐的是工程量的计算。随着计算机技术的发展，预算电算化工作可以从工程量计算开始，工程量计算、传送、套价计算，直至算出工程总造价，全过程由电脑辅助完成。那么，在这一过程中，工程量输入只是一个简单的、不需人工干预的中间过程。

3.2.2.3 工程量的输入方法

对应上述工程量的计算方式，工程量输入的方法可归纳为：

(1) 手工直接输入

手工直接输入，即将计算好的工程量结果值直接输入到工程量输入栏。如图 3-5 所示。

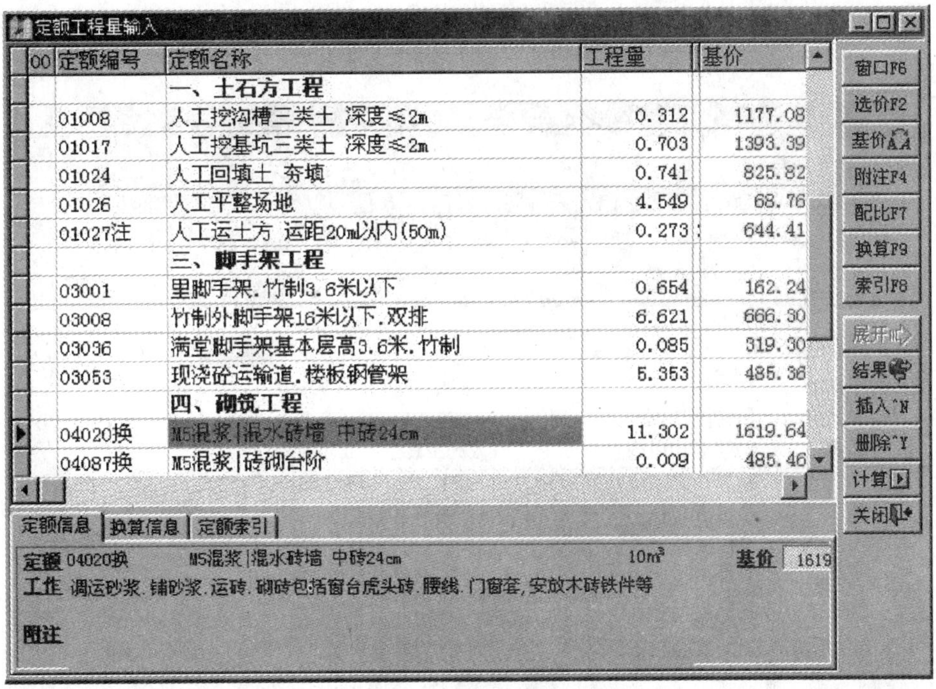

图 3-5 手工直接输入工程量

(2) 自动输入

采用上述第二、第三种方式计算工程量，使用软件提供的传送功能，可直接将计算结果传送到预算软件的工程量输入栏，从而实现自动输入。

3.2.3 定额换算

定额换算是为了调整定额子目的基价，它是影响工程造价的关键步骤。由于每个具体工程都有其特殊性，需要在预算数据中反映出来，因此定额换算在整个电脑预算过程中受人工干预最多。

被提取到工程量输入窗的定额子目，一般要经过如下处理：

(1) 直接使用原始定额

当计算项目内容与定额子目规定一致时，可以直接选套定额子目的单价。这样的定额提取出来后，不需再进行基价调整，即不需换算。

(2) 定额换算

当计算项目工作内容与定额子目内容不完全一致时，如砂浆混凝土配合比不同、工料机含量增减、材料更换等，在选套定额后应进行定额单价换算。经换算后的定额编号后被自动加上"换"字。

定额换算的方法：

1）配合比换算。砂浆、混凝土配合比换算是工程预算中最常用的定额换算方式。当实际工程中砂浆、混凝土的等级与定额规定不符时，就需要使用软件所提供的配合比表，对定额进行换算，以达到实际工程的要求。如混凝土等级 C20 换成 C25。

2）综合换算。主要指对定额子目中人工、材料、机械各项目和含量的调整，以达到换算目的。可以直接打开一条需要换算子目的工料机分析表，在该表中可以任意删除、增加和替换一条项目（最常被更换的是材料项目），还可以对任意工料的含量进行修改。如图 3-6 所示。

图 3-6 定额换算

3）附注处理。这是一种非常灵活智能的处理。有些定额项目有附加说明，对附加说明进行换算时，只需在附注处理信息栏（或附注处理窗口）中输入附注信息即可。如对于定额子目"人工运土方 20 米以内"，在换算时，只需要给出实际运距，电脑就会自动完成单价的调整。

（3）补充定额

由于施工技术的不断发展，新材料、新技术、新工艺不断涌现，当定额的某些内容与施工图的内容有了一定差异或定额缺项时，应编制补充定额。做补充定额要按编制定额的原则、方法进行。

目前，新版的许多软件提供有更多样、更灵活方便的换算方法，具体请查阅相关使用说明书。

3.2.4 工料机分析

定额换算工作完成后,电脑便进行计算汇总,产生一些主要汇总数据,如定额直接费等。

有些软件在套定额计算的同时,进行工料机的自动分析和汇总,而有些软件则提供"工料机分析选项",要求根据实际工程需要,设置选择,达到人工干预工料机分析的目的。

根据工料机分析出来的数据,可以产生"工料机分析表"、"工料汇总表"、"机械台班汇总表"等表格的数据。

3.2.5 价差调整

价差调整包括人工费调整、材料费调整、机械费调整。

3.2.5.1 人工费、机械费调整

对于土建工程预算,很多地区的新定额不需进行定额人工费合计和定额机械费合计调整。如有特殊需要,只需对定额子目作单项调整。调整的方法各地区、各软件有所不同。需要进行人工费、机械费的调整时,请了解当地的规定和阅读所用软件的使用手册。

3.2.5.2 材料费调整

由于材料价格随市场变化较大,往往需进行价差调整。方法是先计算出所用材料价差的合计,然后在费用表中对工程造价进行调整。所以,价差调整最主要的工作是计算材料价差合计。

以前,手工编制预算时,调价首先应进行准确的工料分析。在工料分析的基础上,再通过查询材料的市场价来确定每种材料的价差,最后汇总所有材料的价差,才得到整个工程材料的价差合计。

目前,各地定额管理机关所发行的材料价格信息,能反映市场价格的变动,依据这些材料价格信息,预算人员就可以比较方便地进行调价处理。但由于一项工程所涉及的材料种类繁多,所以价差计算工作如果采用手工计算,是一项非常繁重的劳动,而用预算软件帮助计算,则是一件非常简单的事情。

预算软件所进行的材料价差计算的方法是:

(1) 确定价差计算公式

价差公式是材料价差产生的依据,在不同地区,或具体工程的特殊需要,所使用的价差公式是不同的。因此,在价差计算之前,必须选取价差公式。最常用的价差公式是:

$$价差 = (信息价 - 定额价) \times 数量$$

(2) 选择材料项目

很多地区,将工程材料分为主要材料和次要材料(相对于主材)。在计算价差时,只对主材进行价差计算,而对次要材料的价差调整,一般采用系数法自动完成。

$$价差合计 = 主材价差合计 + 次材价差合计$$

有些软件允许选择材料项目来进行材料价差的计算。

(3) 确定信息价

方法有两种:

1) 直接在价差表中的信息价栏输入信息价。

2) 先将手工录入或从定额站的信息网站上下载的信息价存入信息价管理数据库,需

要时调出。可根据具体工程的要求，提取某年某期的信息价，或提取某段时间的平均信息价、加权信息价等。

确定信息价后，便可计算出材料价差合计。

3.2.5.3 建材信息价的管理

建材信息价反映建材市场价格的变动，因此，不同地区、不同时间都有相应的信息价。建材信息价的管理就是对信息库进行及时更新，使信息价具备完整性、准确性和时效性等特点。

3.2.6 工程取费计算

一般预算软件为方便取费，都建立有当地所有类型建筑的取费模板，即针对不同的建筑类型、取费程序、费率和取费基数，建立有不同的取费模板。当然，用户也可以建立自己的模板。这样，只需选定自己需要的模板，然后根据特殊需要，进行费用表项目选择及费率调整，即可完成取费计算的工作。各软件所提供的费用项目选择及费率调整的方法，非常简单，一般按提示点击鼠标即可。

以下是制作工程费用计算表的过程：

（1）取费模板选择。

（2）根据需要进行取费项目、费率调整，即增加、删除、更改。必要时，可以对费用表项目审查与计算程序审查、修改。

（3）计算，产生费用表，得出总造价。

3.2.7 工程数据的审查方法

3.2.7.1 需要进行工程数据审查的原因

用计算机辅助预算工作，简单、快捷、准确。但所完成的工程预算数据仍需审查，原因是：

（1）工程量数据本身有错漏。

（2）工程量输入过程有错漏。

（3）查套定额出错，定额换算出错。

（4）材料价差公式错误。

（5）建材信息价有错误。

（6）工程取费模板选错。

（7）人为修改费用表使费用数据出错。

以上错误是当人工干预电脑预算时人为造成的。要避免这些人为因素产生的错误，要求预算员在使用电脑进行预算工作时，应认真细致，力求准确，同时，也应进行工程数据的审查，养成严谨、细致的工作作风。

3.2.7.2 工程数据审查的方法

针对容易产生错误的各种原因，进行审查、排错。可以从工程量数据开始，逐一检查工程量数据是否准确，输入是否有错漏；定额换算是否有错误；材料价差公式是否有错误；所提取的建材信息价是否正确；工程取费模板是否选错；应检查费用表中的取费计算式和验证各项费用，确保取费环节无错误。

预算软件都提供有数据验证功能，有致命错误时，系统无法进行计算并提示出错。如在工程取费程序中，"A 表示土建工程合计，A = (1) + (8) + (9) + …；其中(9)表示独立费合计,而(9) = <A> + <B> + <C> +…",这样的取费计算式循环取值,系统肯定因为无休止地计算而出错,这时应根据系统的提示检查排错。

但预算软件不能检查原始数据是否正确。因此,使用预算软件编辑预算报表时,必须确保工程量等原始数据的正确,也就是要采用上述工程数据审查的方法,避免人为因素产生的错误;同时还要求充分了解预算软件的数据流程,熟练掌握预算软件的使用方法,才能有效地进行工程数据的审查,确保工程预算数据的正确。

3.2.8 工程报表的打印

工程各种报表的打印输出是土建工程预算工作的最后一步,也是一份概预算的最终表现形式。大多数土建工程预算软件提供各种报表的模板供用户选择,有些软件还提供灵活的报表设计功能。预算员可根据各自要求选择报表格式,纸张大小,或自行定义报表中的数据项及数据项格式。

实施工程量清单计价办法后,对报表的格式要求更加灵活多样,所以,预算员应学会使用常见的电子表格软件(如 Excel 电子表格软件)。

一般的打印过程:
(1)报表格式、参数设置
(2)打印预览
(3)打印输出

3.2.9 软件数据维护

维护软件中数据的准确性、时效性,对预算员来讲非常重要。它包括如下几个方面:
(1)价格信息库要及时更新。
(2)维持定额库的完整性、准确性。需要补充定额时,应在指定的补充定额窗口上进行。一般情况下,预算员不允许修改定额库数据。
(3)维持取费模板库及取费数据库的完整性、准确性。有特殊需要应建立新的模板,编辑取费数据库时要谨慎。
(4)经常备份工程数据,有必要时,应加密工程数据。
(5)经常整理工程数据,把一些时间久远的工程预算数据作存档处理。
(6)要具备一个预算员的职业道德,不能随意(或恶意)修改工程数据。

3.2.10 土建工程预算软件上机操作演示

本演示软件是"博奥土建预算软件",采用第四章土建工程预算上机实习实例进行演示。在教学时,建议采用本地流行的预算软件,通过多媒体演示,加强学生对预算软件使用的感性认识。

3.2.10.1 工程信息文件管理

启动电脑以后,找到桌面上的土建预算软件图标,双击它,便进入工程信息文件的管理窗口,在此窗口可以对工程文件进行新建、打开、删除、复制等操作,如图3-7。

(1)建立新工程

在工程信息文件管理的窗口上,点击"新建"按钮后,出现编辑工程档案窗口,便可以进行新工程文件的建立及工程信息的输入,如图3-8。

1)"工程编号"的输入。工程编号不能留空,也不能与其他工程编号相同,它必须是惟一的。因为工程编号就是计算机管理工程项目的文件名,文件名不允许留有空格及一切

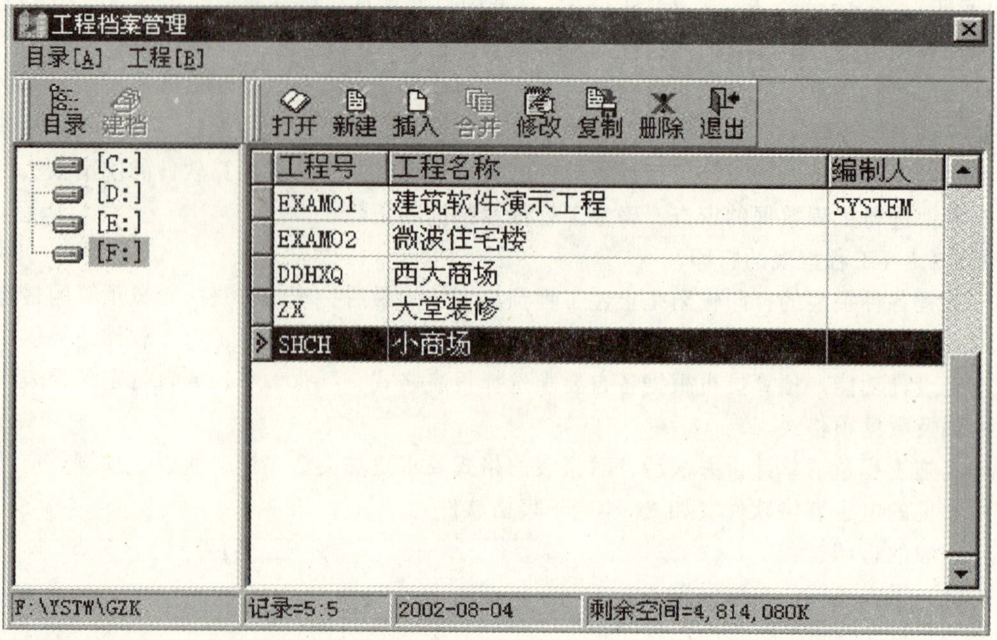

图 3-7　工程信息文件的管理

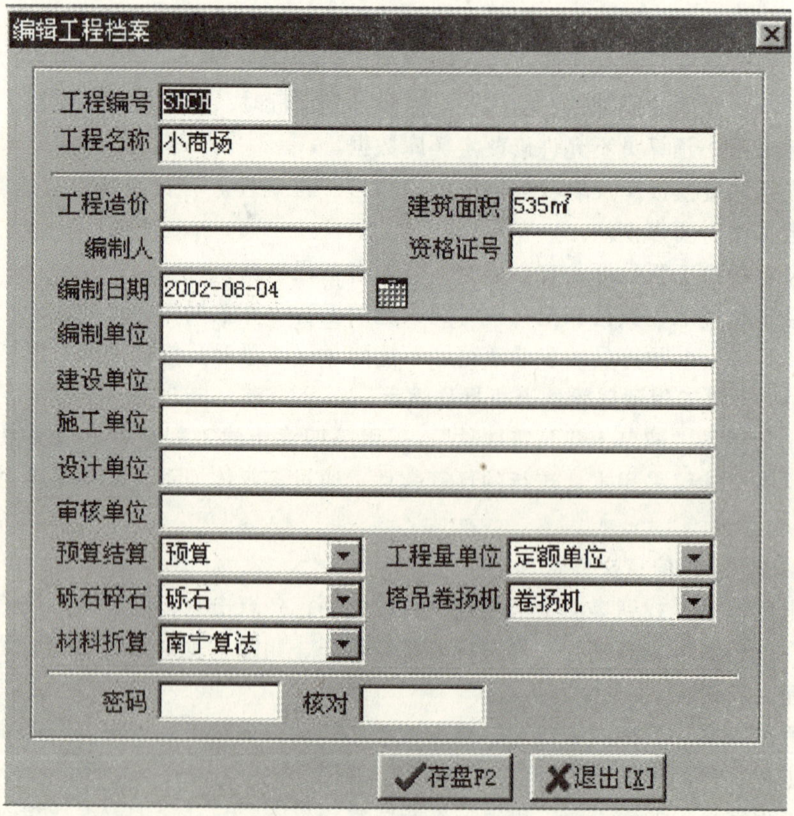

图 3-8　编辑工程档案

DOS 格式文件名不承认的非法字符。

2)"工程名称"的输入。工程名称就是需要编制预算的工程名称。

3)"工程造价"的输入。进行工程取费计算后,软件会自动把工程造价写入此框中。其他空格可根据具体工程的信息输入。

在此窗口可以对工程数据进行加密。

编辑工程档案完成后,存盘退出,返回档案管理窗口,如图 3-7。

(2) 打开工程文件

当工程文件建立后,就可以打开该文件,进入土建预算软件的数据处理主窗口,开始预算数据的电脑处理过程,如图 3-9 所示。

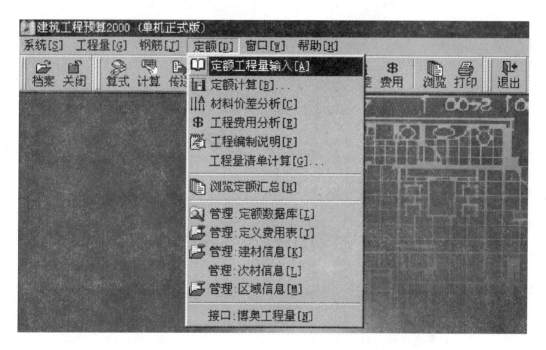

图 3-9　土建预算软件的主窗口

"系统"菜单,提供文件处理的功能,如文件的打开、关闭、打印等。

"工程量"菜单,提供计算式法计算工程量的功能。

"钢筋"菜单,提供计算式法计算钢筋用量的功能。

"定额"菜单,提供定额工程量管理的功能,可实现工程量的输入、定额计算、工料机分析、价差计算、取费计算,并对定额数据库进行管理。

"窗口"菜单,提供对屏幕窗口处理的功能。

"帮助"菜单,通过它可以打开本软件的使用指南。

(3) 编写预算书的编制说明

在图 3-9 中,点击"工程编制说明",即可打开编制说明窗口,如图 3-10 所示。可以在新工程文件建立后,立即打开该窗口进行预算编制说明的编写,也可以在预算报表输出之前,打开该窗口进行预算编制说明的编写。

3.2.10.2　工程量的输入

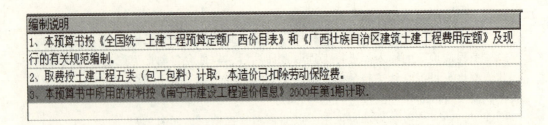

图 3-10 编制说明的编辑窗口

在图 3-9 中,选择"定额工程量输入",进入工程量输入窗口,如图 3-11 所示。在工程量输入窗口中,可以进行"工程量的输入"和"定额换算"等操作。

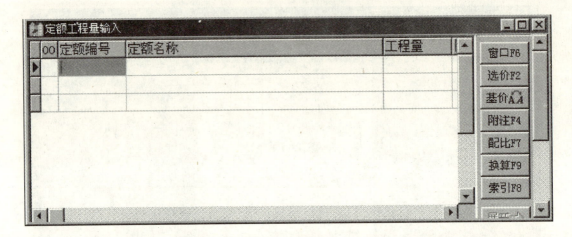

图 3-11 工程量输入初始窗口

(1) 查套定额

查套定额,实现定额子目的输入。如知道定额编号,可直接将定额编号输入到"定额编号"栏,与定额编号对应的定额子目的相关信息便自动显示在该窗口中;如不知道定额子目的编号,则需在电脑上查套定额。这时,打开"索引"按钮,在索引窗口中查找,找到所需子目后,将该子目送出或拖出。如图 3-12,查套定额子目"人工挖沟槽、三类土、深度≤2m"。

(2) 定额工程量输入

直接将工程量值输入到"工程量"栏,如图 3-13。

(3) 定额换算

1) 含有砂浆、混凝土的定额,定额名称存在"|"号的,可用"配比按钮",打开配比换算窗口进行配比换算。如图 3-14,原配比为 4/C15 中|砾石,现换为 4/C25 中|砾石,只需用鼠标选择相应的配比,再点击"换算"即可。

2) 综合换算。当需要对定额子目中人工、材料、机械的内容和含量进行调整时,点击"换算"按钮。如图 3-15,则表示将 05078 定额子目"4/C20|钢筋混凝土柱 高 6m 周 1.8m 下"中的 4/C20 换成 4/C25,并将周转圆木的用量减去 0.1m³。

"换算编号"栏输入规则:输入新材料的代码,表示更换材料,但定额含量不变;输

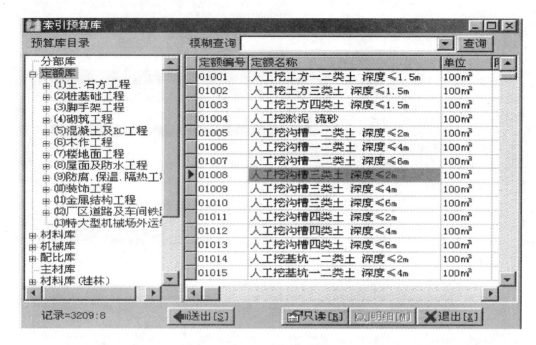

图 3-12　查套定额

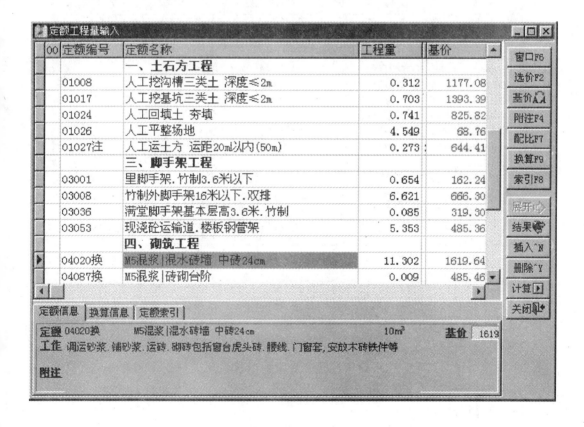

图 3-13　定额工程量输入

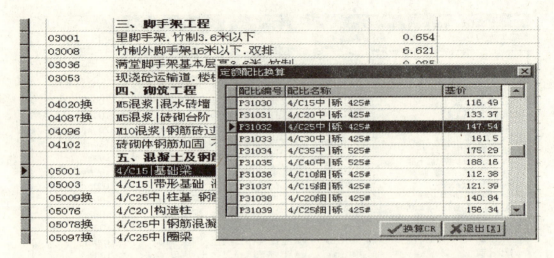

图 3-14 配比换算窗口

图 3-15 综合换算

入"-",表示减去该材料;在空白行的换算编号栏输入材料代码,表示增加材料。

"增减用量"栏输入规则:"+"表示增量,"-"表示减量。数字则表示该材料用量的增减量。

3) 附注处理。对于一些定额项目的附加说明换算,用软件处理非常简单,只需在工程量输入时按软件的提示在"附注信息"栏处输入相应的内容。如图 3-16。

(4) 补充定额

需要补充定额时,在"定额编号"栏处输入"B—"并回车,即出现"补充定额"窗口,如图 3-17。然后输入定额名称、单位、基价等内容。

图 3-16 附注处理

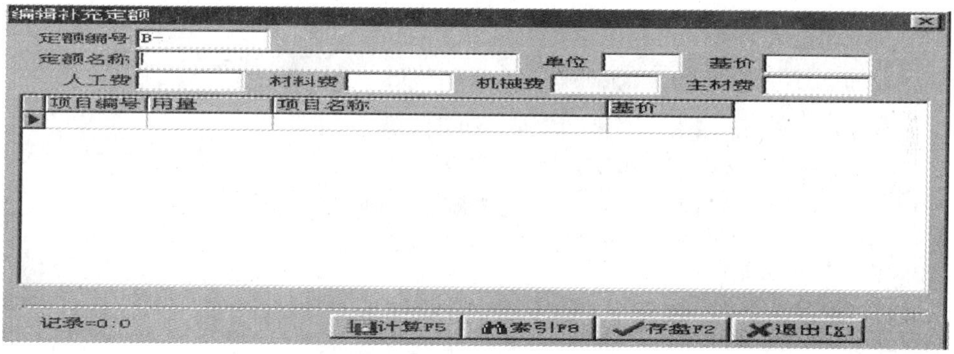

图 3-17 编辑补充定额

(5) 计算

套定额计算和工料机分析,由电脑自动完成。

3.2.10.3 价差计算

在进行价差计算前,先要确定价差计算公式,然后输入信息价。如图 3-18。价差 = 信息价 - 定额价。取 2000 年第一期信息价及次材调整系数。

3.2.10.4 工程取费计算

(1) 选择取费模板

如图 3-19。依据工程类别选择模板后,还要根据实际情况选择一些系数,如开放城市补贴等。如果是工程结算,还需将实际发生的签证工日等数据输入。

(2) 工程费用分析

可以根据实际需要进行取费项目、费率的调整,计算后产生工程取费计算表,得出总造价。如图 3-20。

3.2.10.5 工程报表的输出和打印

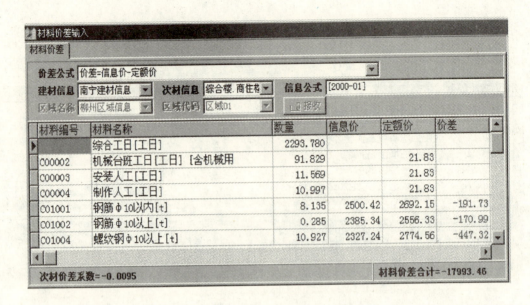

图 3-18　材料价差计算

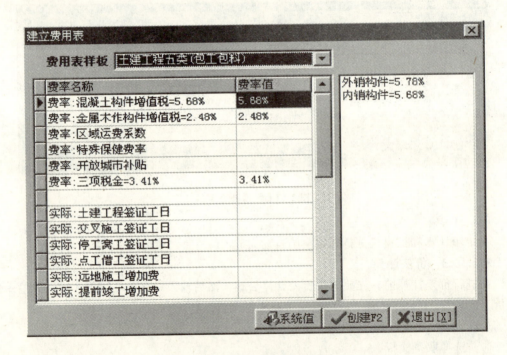

图 3-19　取费模板选择

(1) 报表设计

报表设计，就是可以根据需要对报表的行列数、表头的形式、报表中文字和边框的修饰等报表的格式和参数进行设置。一般采用默认的报表格式，不需打开报表设计窗口，直接将工程报表打印输出。如有需要，应打开报表设计窗口进行报表格式、参数的设置，如图 3-21。

(2) 打印设置

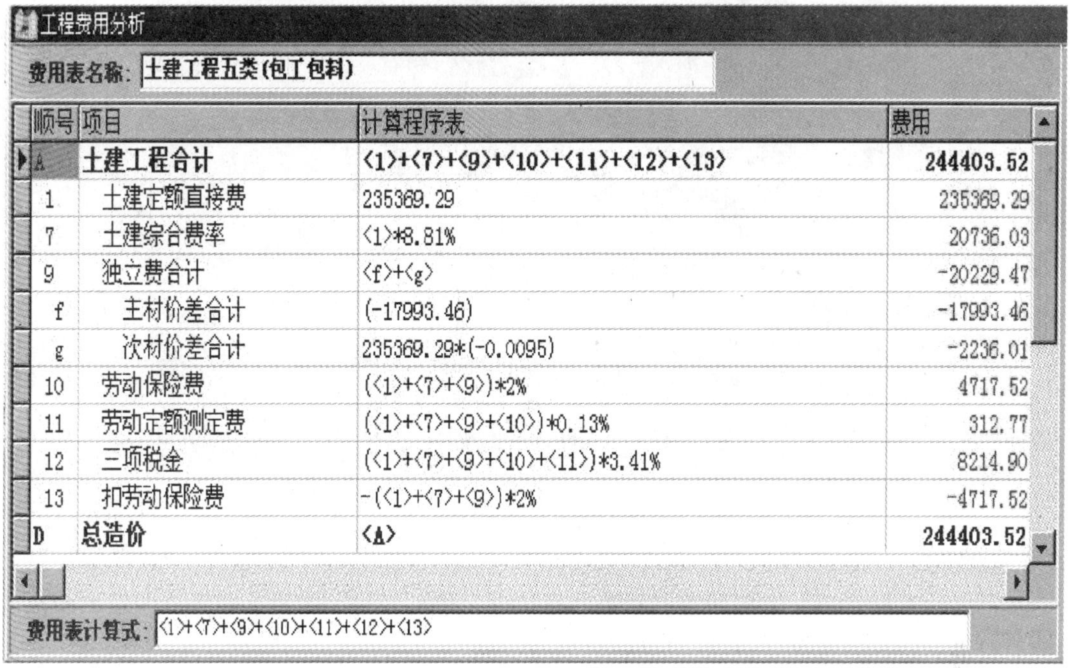

图 3-20 工程费用分析

图 3-21 报表设计

打印设置，就是报表打印在打印纸上具体位置的设计。如图3-22。

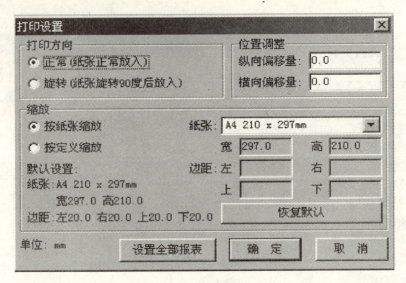

图3-22 打印设置

(3) 打印输出

报表预览满意后，连接好放有纸张的打印机，便可以打印输出工程报表。输出的报表一般包括：封面、编制说明、工程取费表、价差表、土建工程预算表。

3.2.10.6 数据库的维护

(1) 建材信息价数据库管理

建材信息价数据库要及时更新。如图3-23。

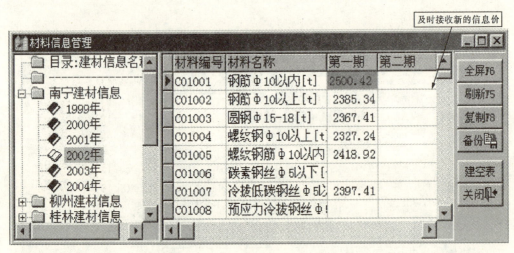

图3-23 建材信息价数据库管理

(2) 定额数据库管理

定额数据库管理，即对数据库查看和编辑，更新和维护数据库中的数据。如图3-24。

图 3-24 定额数据库管理

3.3 装饰工程预算软件

装饰工程预算软件与土建工程预算软件的工作流程基本相同。但装饰工程预算软件有它自己的特点,就是直接用市场价(或信息价)计算工程直接费,然后通过取费计算出工程总造价,而无需计算价差,即不进行价差调整。装饰工程预算软件的工作流程如图3-25。

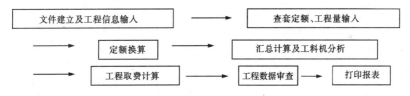

图 3-25 装饰工程预算软件工作流程

3.3.1 工程预算文件的建立及工程信息的输入
参见 3.2.1 相关内容。

3.3.2 查套定额及工程量输入的方法
参见 3.2.2 相关内容。

3.3.3 定额换算

3.3.3.1 未计价材料的处理

装饰材料种类繁多,新产品不断更新,装饰工艺不断涌现。为了适应装饰市场的千变万化,使装饰工程预算的编制既有规律可循又有灵活性,因此,装饰预算定额中含有大量未计价材料。装饰工程预算软件对未计价材料的处理,就是先调入装饰材料的信息价格,

65

再根据具体工程的要求将信息价格修改成实际价格,这些实际价格就是该具体工程未计价材料的价格。如图3-26所示。

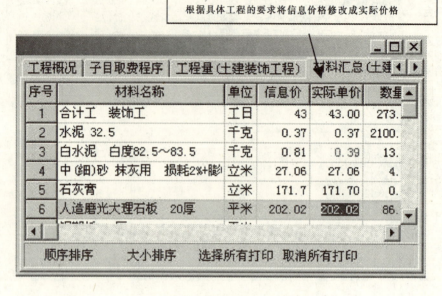

图3-26 未计价材料的处理

为了正确地计算装饰工程的实际造价,在编制装饰工程的预算时,除了对未计价材料进行处理外,还需进行定额换算和补充定额。

3.3.3.2 定额换算

(1)子目单价修改

在装饰工程中,包工包料现象较多,在编制预算中要处理这类情况时,只需将定额子目的综合单价直接修改成市场单价。

(2)综合换算

与土建预算一样,可以打开一条需要换算子目的工料机分析表,在该表中可以任意地删除、增加和替换一条项目,还可以对任意工料的含量、单价进行修改。如图3-27。

3.3.3.3 补充定额

当定额的某些内容与施工图的内容有了一定差异或定额缺项时,应编制补充定额。做补充定额要按编制定额的原则、方法进行。

在没有专用的、完整的装饰定额的地区,在编制装饰预算时,需要大量地补充定额。

3.3.4 工料机分析

定额换算工作完成后,电脑便即时计算汇总,并进行工料机分析。有些软件提供"工料机分析选项",要求根据实际工程需要,设置选择,有目的地输出一些汇总数据和工料机分析的结果,如按材料费用大小排序的"材料汇总表"、有增删的"工料机分析表"。

3.3.5 工程取费计算

一些地区的装饰预算取费直接套用土建预算的取费方式。取费计算的步骤如下:

(1)取费模板选择。

(2)根据需要进行取费项目费率调整,即增加、删除、更改。

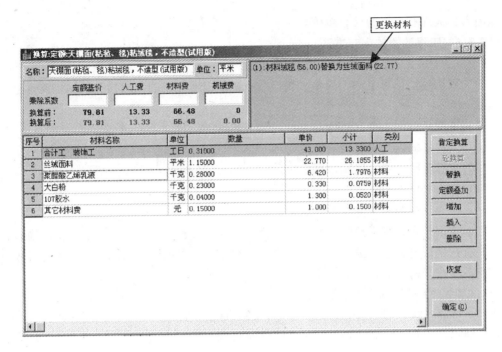

图 3-27 定额换算

(3) 计算，产生费用表，得出总造价。

近年来，一些地区推出的专用装饰预算定额，采用工程量清单的计价方法，即先取费计算各子目的综合单价，再将综合单价乘上相应的工程量，最后计算汇总的结果，就是该装饰工程的总造价。

图 3-28 所表示的是福建省装饰预算的通用取费程序，通过取费得到子目"复杂拼花

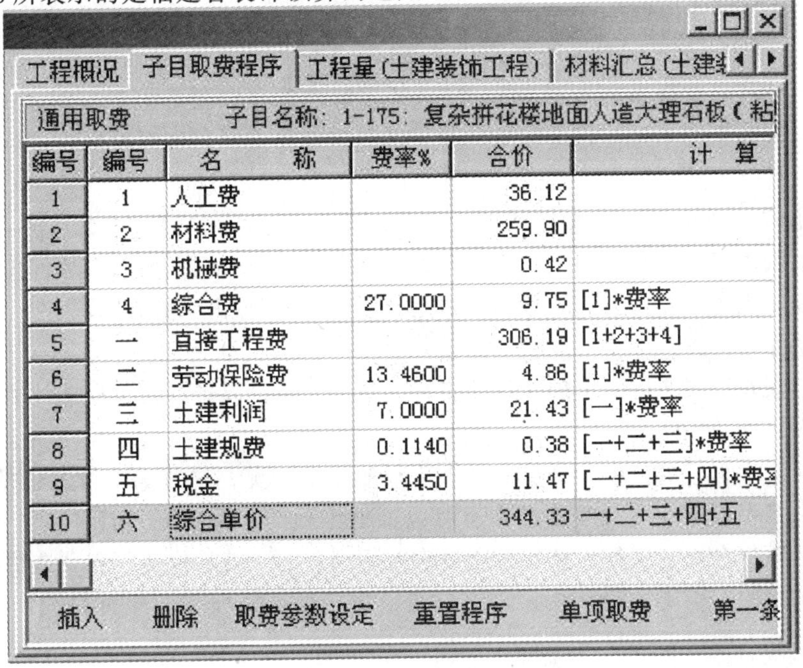

图 3-28 取费程序

楼地面人造大理石板"的综合单价。

3.3.6 工程数据的审查方法

3.3.6.1 需要进行工程数据审查的原因

用计算机辅助预算工作,简单、快捷、准确。但所完成的工程预算数据仍需审查。原因是:

(1) 工程量数据本身有错漏。

(2) 工程量输入过程有错漏。

(3) 查套定额出错,定额换算出错。

(4) 工程取费模板选错。

(5) 人为修改费用表使费用数据致错。

以上错误是当人工干预电脑预算时人为造成的。要避免这些人为因素产生的错误,要求预算员在使用电脑进行预算工作时,应认真细致,力求准确,同时,也应进行工程数据的审查,养成严谨、细致的工作作风。

3.3.6.2 工程数据审查的方法

针对容易产生错误的各种原因,进行审查、排错。可以从工程量数据开始,逐一检查工程量数据是否准确,输入是否有错漏;定额换算是否有错误;工程取费模板是否选错;应检查费用表中的取费计算式和验证各项费用,确保取费环节无错误。

同时还要求充分了解预算软件的数据流程,熟练掌握预算软件的使用方法,才能有效地进行工程数据的审查,确保工程预算数据的正确。

3.3.7 工程报表的打印

参见3.2.8相关内容。

3.3.8 软件数据维护

参见3.2.9相关内容。

3.3.9 装饰工程预算软件上机操作演示

本演示软件是"晨曦装饰预算软件",采用第四章装饰预算上机实习实例进行演示。在教学时,建议采用本地流行的预算软件,通过多媒体演示,加强学生对预算软件使用的感性认识。

3.3.9.1 工程信息文件管理

启动电脑以后,找到桌面上的装饰预算软件图标,双击它,便进入软件主窗口。如需要新建工程,点击"新建";如对已有工程文件处理,则点击"打开"。

(1) 建立新工程

点击"新建"按钮后,出现[新建工程]窗口,便可以进行新工程文件的建立及工程信息的输入,如图3-29。

在[新建工程]窗口中,需要输入该工程的基本情况,这些基本情况包括工程名称、施工单位、工程编号、图纸编号等;还可以根据工程的实际情况选择输入必要的工程属性,这些属性将在编制工程预算和打印报表时用到,如"信息价期"和"造价模板"。

当对输入的工程属性确认无误后,单击[确定新建]按钮,即可完成新建窗口的操作,并自动进入编制工程预算的窗口。

如果需要对当前操作的工程加上密码进行保护,可以设置密码。

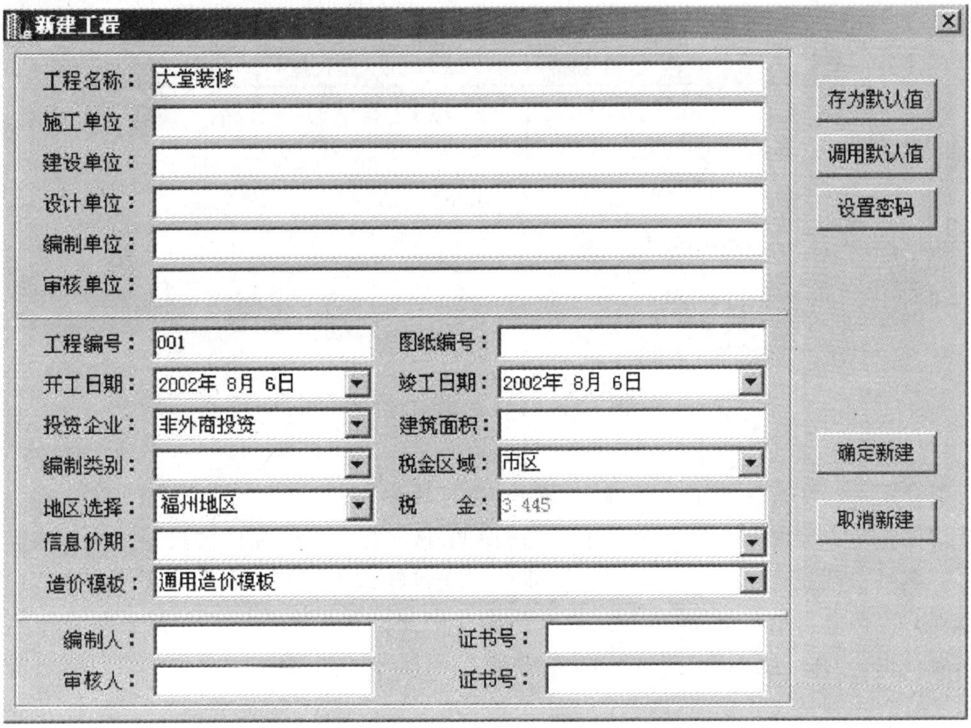

图 3-29 新建工程

（2）打开工程文件

当新建一个工程后，系统会自动进入编制工程预算的窗口；如果是对已有工程文件处理，则可以打开该文件，进入编制工程预算的窗口。

（3）编写编制说明

在图 3-31 中，选择"工程概况"，就可以在已打开的［编制说明］窗口中编写预算编制说明，如图 3-30。

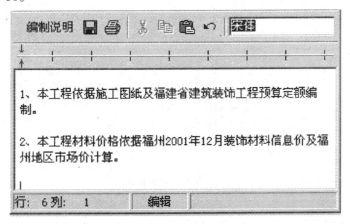

图 3-30 编制说明

3.3.9.2 工程量输入

选择"工程量"页，便可开始工程量的输入，如图 3-31 所示。

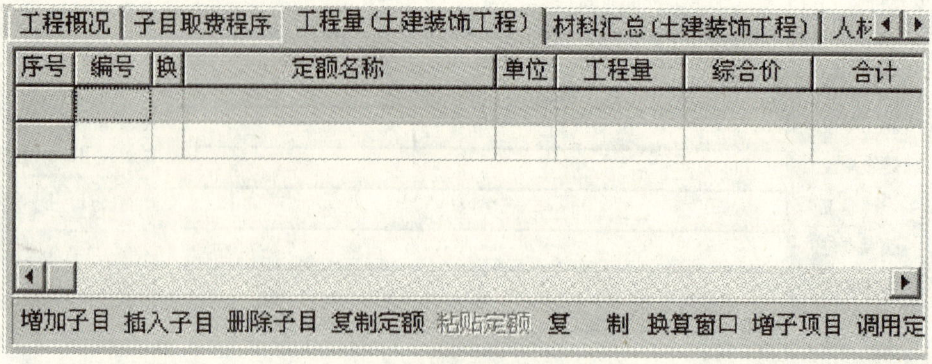

图 3-31 工程量输入初始窗口

(1) 查套定额

查套定额，实现定额子目的输入。如知道定额编号，可直接将定额编号输入到"定额编号"栏，与定额编号对应的定额子目的相关信息便自动显示在该窗口中；如不知道定额子目的编号，则需在电脑上查套定额，即在工程量输入窗口中，打开"调用定额"按钮，将选到的定额子目送出（即"双击"）或拖出。例如，查找定额子目"复杂拼花楼地面人造大理石板"，在"定额查寻"窗口中，按章检索即可，如图 3-32 所示。然后将查套定额的结果送到工程量输入窗口。

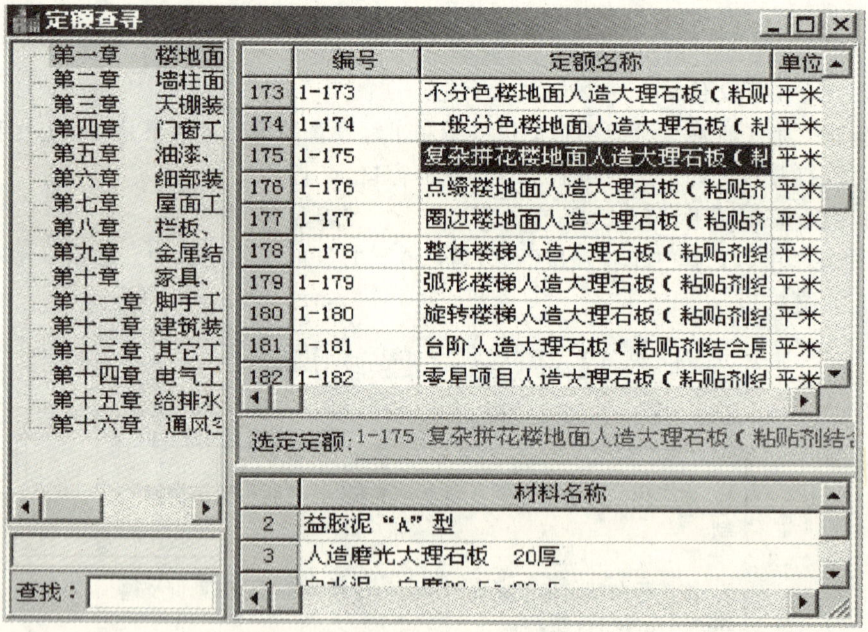

图 3-32 定额查寻

(2) 工程量输入

将工程量值直接输入到"工程量"栏，如图 3-33 所示。

(3) 定额换算

1) 未计价材料的处理。通过选取信息价期，见图 3-29 和图 3-34，调入所需的信息价，实现未计价材料的处理，见图 3-35。

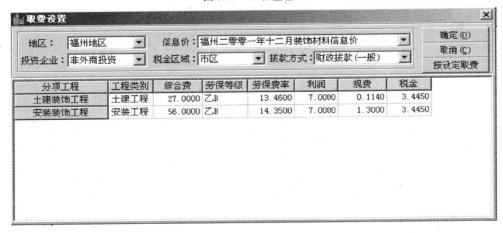

图 3-33 工程量输入

图 3-34 取费设置

2）直接进行定额子目综合价的修改，见图 3-33。

3）综合换算。当需要对定额进行多项更改时，打开定额换算窗口。如将顶棚面粘贴的"绒毯"换成"丝绒面料"，换算操作如图 3-36 所示。

（4）补充定额

如果输入的定额编号在定额库及补充定额库中不存在，则会弹出［补充定额输入］窗口，如图 3-37，可以进行补充定额的输入。

（5）计算

本软件采用工程量清单计价方式，每一定额子目的工程量输入后，电脑会自动算出该子目的综合单价，并进行材料汇总和工料机分析。在所有的工程量输入完成后，便可得到相关汇总数据。

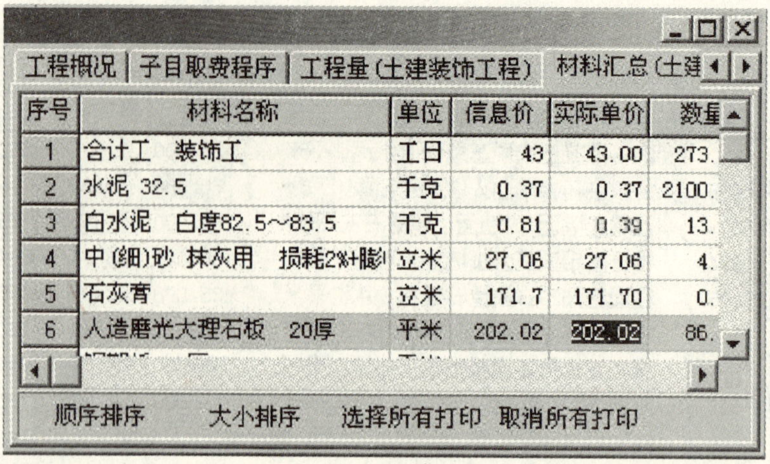

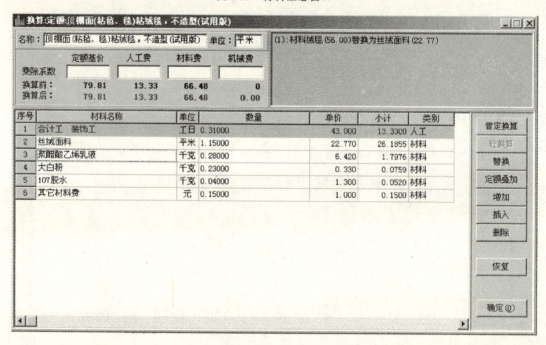

图 3-35 材料汇总窗口

图 3-36 综合换算

3.3.9.3 工程取费计算

需要说明的是,对于采用工程量清单计价的预算软件,在工程量输入之前,应先选择取费模板,以便在查套定额、工程量输入后得到子目的综合单价。本章是按传统的预算编制顺序来解释装饰预算软件的使用,所以,"工程取费计算"操作放在"工程量输入"之后。

(1) 选择取费模板

输入工程信息时,进行取费模板的选择,如图 3-29 所示,在"造价模板"栏中选择"通用造价模板"作为本工程的取费模板。

(2) 取费设置及取费程序的编辑

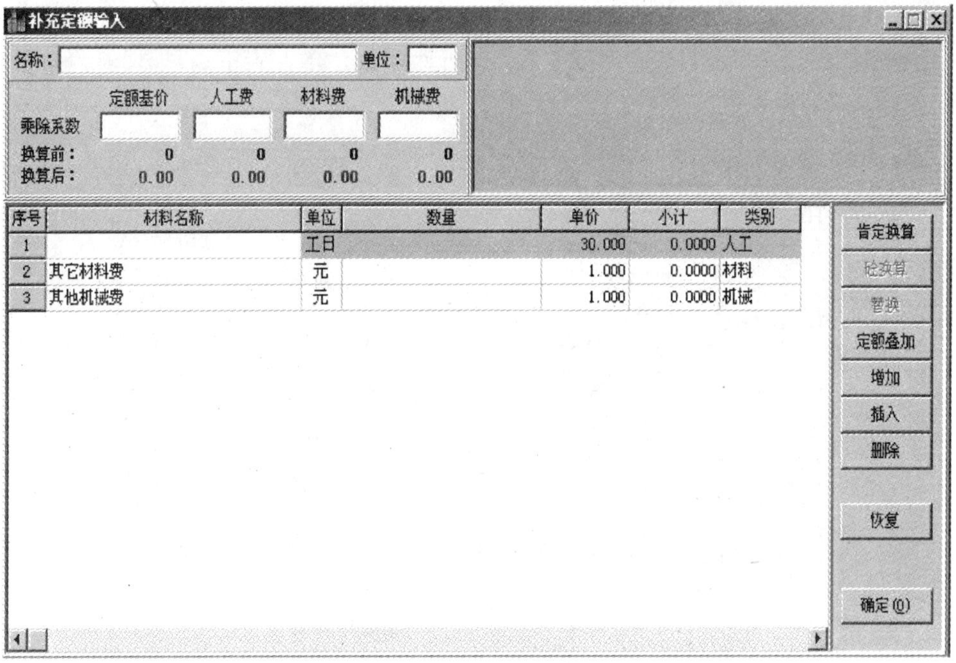

图 3-37 补充定额输入

图 3-38 取费程序

点击图 3-38 中的"取费参数设定"按钮,就可以进行取费参数的设定;点击"重置程序"按钮,就可以重新设置取费程序;通过"插入"、"删除"按钮实现取费项目的增加和删除。

(3) 取费计算

根据需要进行取费项目、费率调整后，便可计算总造价，得到工程取费表，如图3-39。

土建装饰工程 造价汇总表

序号	编号	名称	费率%	合价
1	1	人工费		11747.50
2	2	材料费		66771.65
3	3	机械费		605.70
4	4	综合费		3012.35
5	一	直接工程费		82137.20
6	二	劳动保险费		1501.50
7	三	土建利润		5325.00
8	四	土建规费		94.00
9	五	税金	3.4450	2859.55
10	六	综合单价小计		91917.25
11	七	工程造价		91917.25

图 3-39　土建装饰工程造价汇总表

3.3.9.4　工程报表的输出和打印

打开报表打印窗口，选择报表，便可打印输出，如图 3-40。可以将预算表格转成 Excel 表格，再根据需要设计报表格式。

3.3.9.5　软件数据维护

(1) 补充定额库维护

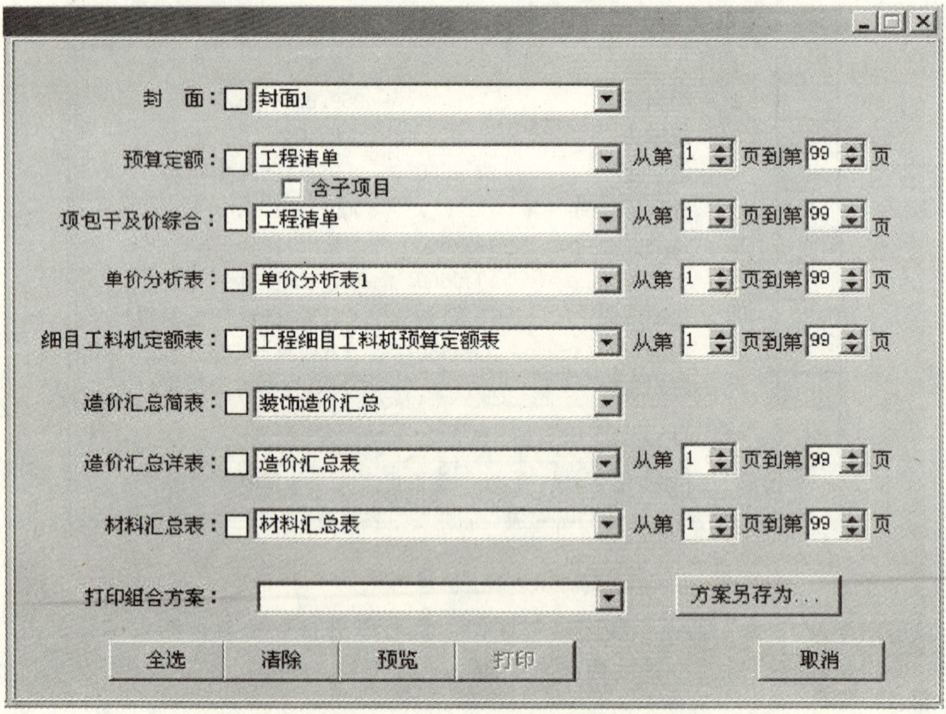

图 3-40　工程报表的打印

该项功能帮助增加或修改用户补充定额。点击[系统维护]菜单中的[用户补充定额维护]菜单项,可打开用户补充定额库维护窗口,见图 3-41,可以对补充定额库进行定额的增加、插入、删除、复制等操作;可以对定额的组成材料进行增加、插入、删除等操作。

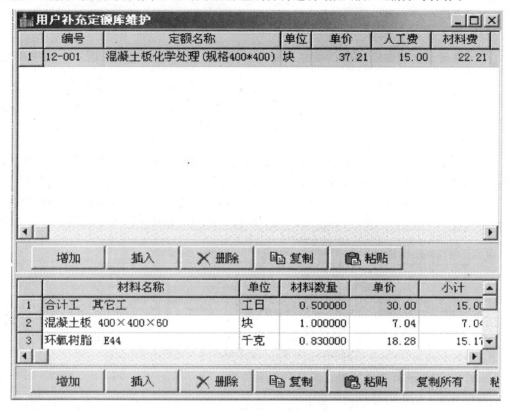

图 3-41　用户补充定额库维护

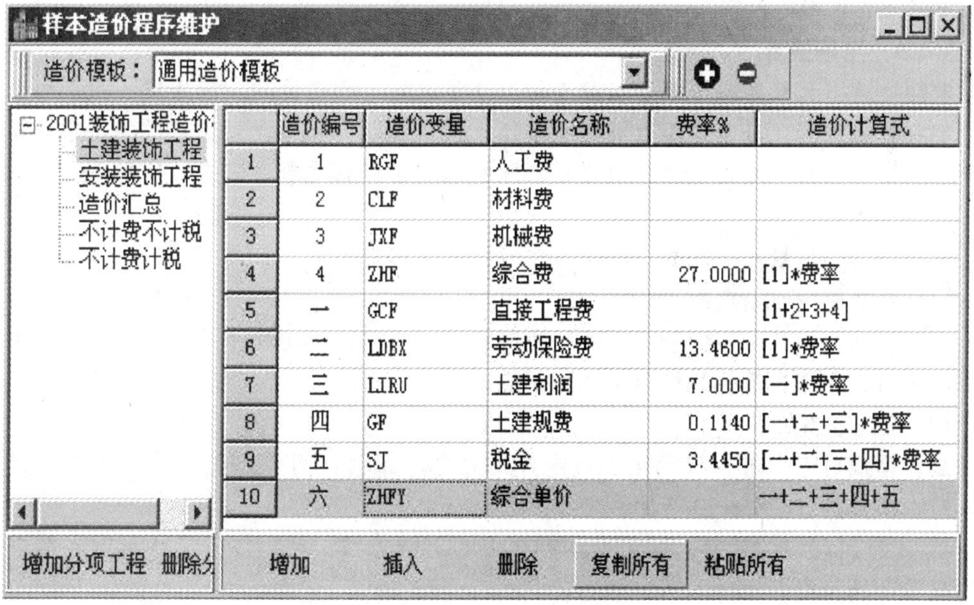

图 3-42　模板造价程序维护

(2) 模板造价程序维护

模板造价程序维护是用于设置系统在计算工程造价时所用的默认造价计算程序。点击[系统维护]菜单中的[模板造价程序维护]菜单项，可打开模板造价程序维护窗口，见图3-42，可以对造价程序表进行增加、插入、删除等操作。

(3) 其他数据库维护

应经常对其他数据库如材料信息价库、定额库、工料机数据库、取费标准库进行维护。

3.4 安装工程预算软件

安装工程预算软件与土建工程预算软件的工作流程基本相同，但它们仍有区别。安装工程预算软件与土建工程预算软件的主要区别是：由于安装定额中存在大量未计价材料，安装工程预算软件需要对这些未计价材料进行处理，因此，安装工程预算软件对材料价差调整的方式与土建工程预算软件是不同的。安装工程预算软件的工作流程，如图3-43。

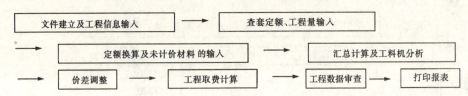

图3-43 安装工程预算软件的工作流程

3.4.1 工程预算文件的建立及工程信息的输入

参见3.2.1相关内容。

3.4.2 查套定额及工程量输入的方法

参见3.2.2相关内容。

3.4.3 定额换算

定额换算是为了调整定额子目的基价，它是影响工程造价的关键步骤。由于每个具体工程都有其特殊性，需要在预算数据中反映出来，因此，和土建预算一样的是定额换算在整个电脑预算过程中受人工干预最多；不同的是安装预算中有许多未计价材料，因此，处理方式有所不同。

被提取到工程量输入窗的定额子目，一般要经过如下处理：

(1) 直接使用原始定额

当计算项目内容与定额子目规定一致时，可以直接选套定额子目的单价。这样的定额提取出来后，不需再进行基价调整，即不需换算。

(2) 定额换算

当计算项目工作内容与定额子目内容不完全一致时，需要进行基价调整，即定额换算。定额换算的方法如下：

1) 未计价材料的处理，即对不含主材费的定额子目，在编制安装预算时，需要输入其主材的市场价格。

安装预算软件对未计价材料的处理方法是：在工程量输入窗口，直接在甲材费（即甲方提供材料的费用）或乙材费（乙方提供材料的费用）栏中输入主材市场价，如图 3-44；或查套定额时打开换算窗口，在主材费栏中输入主材市场价，如图 3-45；而对于新材料，必须进行补充材料处理，即按补充材料的方式输入材料编号、名称及市场价格，供定额换算时使用。

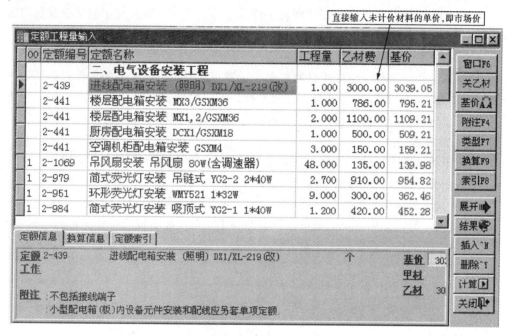

图 3-44　定额工程量输入

2）综合换算。指打开一条需要换算子目的工料机分析表，在该表中可以任意删除、增加和替换一条项目（最常被更换的是材料项目），还可以对任意工料的含量进行修改，

图 3-45　定额换算

也可以输入未计价材料的费用。如图 3-45，在定额子目"台式洗脸盆安装"的材料中扣除"立式水嘴和铜截止阀"并输入主材"洗脸盆"的费用"1050 元"。

(3) 补充定额

由于施工技术的不断发展，新材料、新技术、新工艺不断涌现，当定额的某些内容与施工图的内容有了一定差异或定额缺项时，应编制补充定额，做补充定额要按编制定额的原则、方法进行。

3.4.4 工料机分析

定额换算工作完成后，电脑便计算汇总，并进行工料机分析。有些软件提供"工料机分析选项"，要求根据实际工程需要，设置选择，有目的的输出一些汇总数据和工料机分析的结果，如按材料费用大小排序的"材料汇总表"、有增删的"工料机分析表"。

3.4.5 价差调整

在安装预算软件中，价差调整包括人工费调整、材料费调整、机械费调整。

(1) 人工费、机械费的调整方法

1) 单项人工费调整。如对某一定额子目，其人工费乘调整系数（$R \times 1.2$）。

2) 分章节调整。如第 6 章的机械台班调整等于本章定额机械费小计乘调整系数 2.55。

3) 在取费时调整，将定额人工费合计乘调整系数。

(2) 材料费调整

安装预算软件中，材料价差计算一般只对主材中的钢材（如钢管）进行。而对于其他主材，由于主材费已按市场价输入，所以不需调整价差。附材的价差调整采用系数法，即乘调整系数进行。

3.4.6 工程取费计算

参见 3.2.6 相关内容。

3.4.7 工程数据的审查方法

参见 3.2.7 相关内容。

预算软件都提供有数据验证功能，有致命错误时，系统无法进行计算并提示出错。如在工程取费程序中，J 表示安装工程总造价，$J =$（A）+（B）+ ⋯；设（A）项被误删除了，那么 J 项的计算便出错，系统会做出提示，这时应根据系统的提示检查排错。

3.4.8 工程报表的打印

参见 3.2.8 相关内容。

3.4.9 软件数据维护

参见 3.2.9 相关内容。

3.4.10 安装工程预算软件上机操作演示

本演示软件是"博奥安装预算软件"，采用第四章安装预算软件上机实习实例进行演示。在教学时，建议采用本地流行的预算软件，通过多媒体演示，加强学生对预算软件使用的感性认识。

3.4.10.1 工程档案管理

启动电脑以后，找到桌面上的安装预算软件图标，双击它，便进入工程档案的管理窗口，在此窗口可以对工程文件进行新建、打开、删除、复制等操作，如图 3-46。

(1) 建立新工程

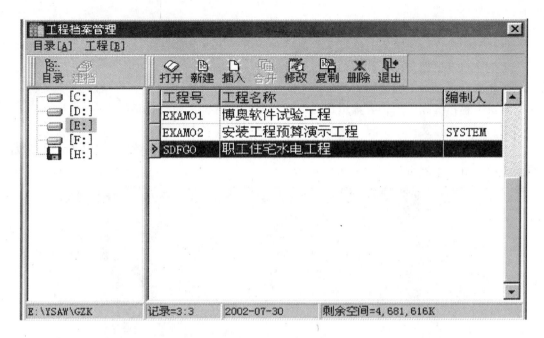

图 3-46 工程档案的管理

在工程档案管理的窗口上,点击"新建"按钮后,出现编辑工程档案窗口,便可以进行新工程文件的建立及工程信息的输入,如图 3-47。

1)"工程编号"的输入。工程编号不能留空,也不能与其他工程编号相同,它必须是惟一的,因为工程编号就是计算机管理工程项目的文件名,文件名不允许留有空格及一切 DOS 格式文件名不承认的非法字符。

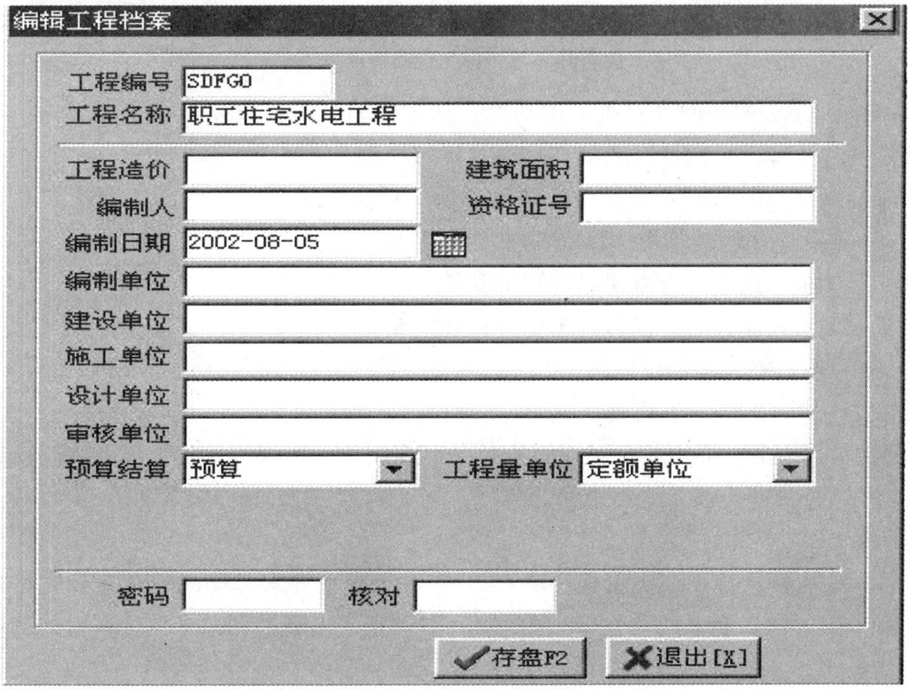

图 3-47 编辑工程档案

2)"工程名称"的输入。工程名称就是需要编制预算的工程名称。
3)"工程造价"的输入。进行工程取费计算后，工程造价自动写入。
其他空格可根据具体工程的信息输入。
在此窗口可以对工程数据进行加密。
编辑工程档案完成后，存盘退出，返回档案管理窗口，如图3-46。
(2) 打开工程文件
当工程文件建立后，就可以打开该文件，进入安装预算软件的数据处理主窗口，开始预算数据的电脑处理过程，如图3-48所示。

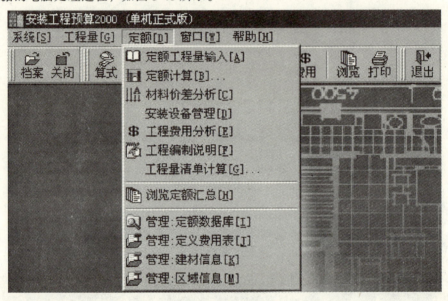

图3-48 安装预算软件的主窗口

"系统"菜单，提供对文件处理的功能，如文件的打开、关闭、打印等。
"工程量"菜单，提供计算式法计算工程量的功能。
"定额"菜单，提供定额工程量管理的功能，可实现工程量的输入、定额计算、工料机分析、安装设备管理、取费计算，并对定额数据库进行管理。
"窗口"菜单，提供对屏幕窗口处理的功能。
"帮助"菜单，通过它可以打开本软件的使用指南。
(3) 编写预算书的编制说明
在图3-48中，点击"工程编制说明"，即可打开编制说明窗口，如图3-49所示。可以在新工程文件建立后，立即打开该窗口进行预算编制说明的编写，也可以在预算报表输出之前，打开该窗口进行预算编制说明的编写。

3.4.10.2 工程量输入

在图3-48中，选择"定额工程量输入"，进入工程量输入窗口，如图3-50所示。在工程量的输入窗口中，可以进行"工程量的输入"、"定额换算"和"未计价材料的处理"等操作。

(1) 查套定额

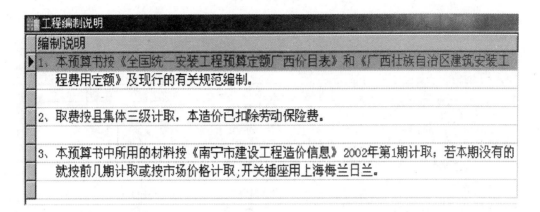

图 3-49　工程编制说明

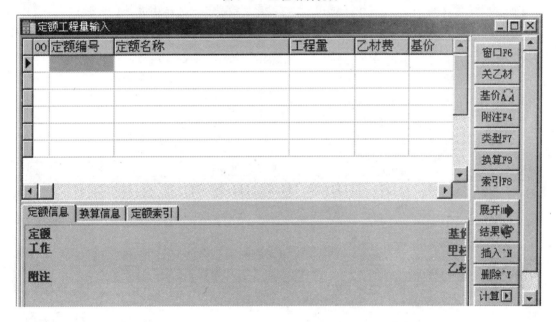

图 3-50　定额工程量输入初始窗口

查套定额，实现定额子目的输入。如知道定额编号，可直接将定额编号输入到"定额编号"栏，与定额编号对应的定额子目的相关信息便自动显示在该窗口中；如不知道定额子目的编号，则需在电脑上查套定额，这时，打开"索引"按钮，再将选到的定额子目送出或拖出。如图 3-51 所示，查套定额子目"进线配电箱安装（照明）DX1/XL-219（改）"，通过输入关键字"配电"进行模糊查询，找到合适的定额子目"2-0439 配电箱安装（照明）"，送出后，可根据主材型号，对子目名称作适当的修改，使名称的意义更明确。

（2）工程量输入

将工程量值直接输入到"工程量"栏。如图 3-52。

（3）定额换算

1）未计价材料的处理。直接在"甲/乙材费"栏中输入未计价材料的价格，即甲/乙方提供的主要材料的费用（指定额单位的主材费），如图 3-52。

可以打开换算窗口，在指定位置输入主材市场价，如图3-45。

图3-51 索引预算库

图3-52 定额工程量输入

2) 综合换算。当需要更换主材，或进行其他附材项目的调整时，可打开换算窗口进行。如图 3-45 所示，定额子目需减去"立式水嘴"和"铜截止阀"，在换算编号栏处输入"-"。

换算编号栏输入规则：输入新材料的代码，表示更换材料；输入"-"，表示减去材料；在空白行的换算编号栏输入材料代码，表示增加材料。

增减用量栏输入规则："+"表示增量，"-"表示减量。

(4) 补充定额

安装预算常需进行补充定额。补充定额时需在补充定额窗口中进行，如图 3-53 所示。

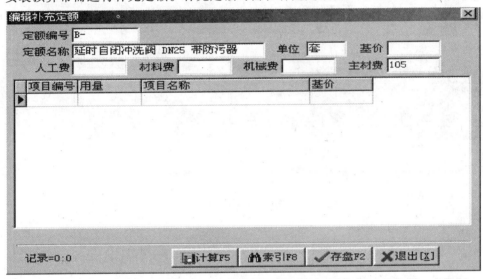

图 3-53 编辑补充定额

3.4.10.3 价差调整

安装预算中，人工费、机械费、附材费的调整，采用系数法。如图 3-54 的定额输入窗口中，"F6 附材费调整 C = C0.37"表示第六章附材合计 768.55 乘系数 0.37，得出本章附材的调整费 284.36。

如需进行主材的价差调整，请参阅土建预算软件中材差的计算方法。

3.4.10.4 工程取费计算

(1) 选择取费模板

根据实际工程的取费要求，选择取费模板，如图 3-55。

(2) 工程费用分析

根据需要进行取费项目、费率调整后，便可计算出总造价。如图 3-56。

3.4.10.5 工程报表的输出和打印

(1) 报表设计

报表设计，就是根据需要对报表的行列数、表头的形式、报表中文字和边框的修饰等报表的格式和参数进行设置。一般采用默认的报表格式，不需打开报表设计窗口，直接将工程报表打印输出。如有需要，应打开报表设计窗口进行报表格式、参数的设置，如图 3-57。

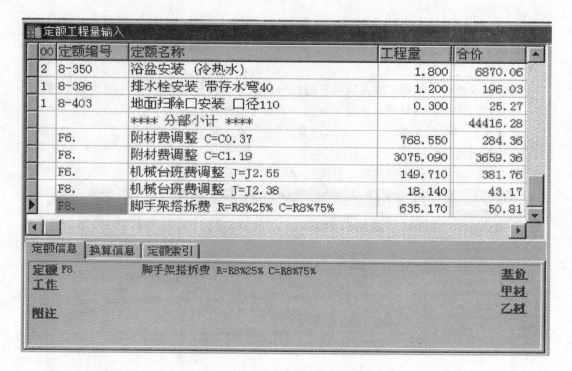

图 3-54 价差调整

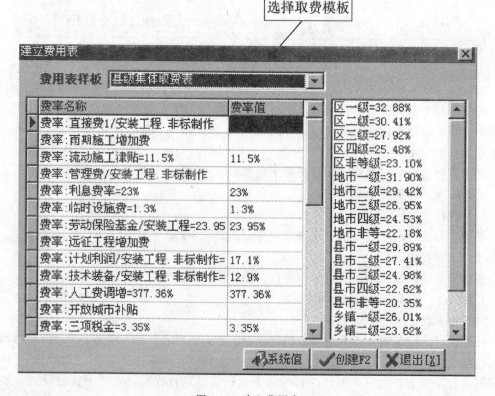

图 3-55 建立费用表

工程费用分析

顺号	项目	计算程序表	费用
1	定额直接费(含调增)	106097.07	106097.07
2	其中:定额人工费	2744.09	2744.09
6	流动施工津贴1	<2>*11.5%	315.57
B	间接费合计	<9>+<10>+<11>	2829.02
9	利息	(<2>+<6>)*23%	703.72
10	临时设施费	(<A>+<9>)*1.3%	1392.51
11	劳动保险基金	(<2>+<6>)*23.95%	732.79
C	计划利润	<2>*17.1%	469.24
D	技术装备费	<2>*12.9%	353.99
E	独立费合计	<15>+<16>+<19>	20272.94
15	人工费调增	<2>*377.36%	10355.10
16	流动施工津贴2	<2>/4.02*3.69	2518.83
19	附材费调整	7399.01	7399.01
F	劳动定额测定费	(<A>+<B>+<C>+<D>+<E>)*0.04134%	53.88
G	三项税金	(<A>+<B>+<C>+<D>+<E>+<F>)*3.35%	4368.12
J	总造价	<A>+<B>+<C>+<D>+<E>+<F>+<G>	134759.83

费用表计算式: <A>+<B>+<C>+<D>+<E>+<F>+<G>

图 3-56　工程费用分析

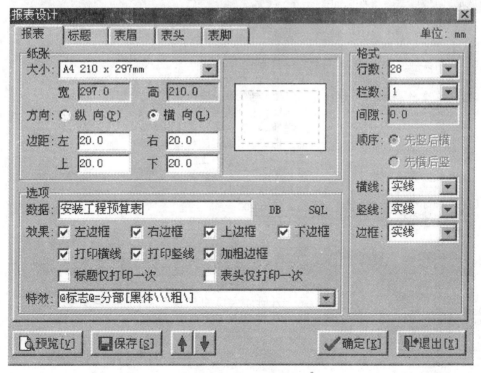

图 3-57　报表设计

(2) 打印设置

打印设置，就是报表打印在打印纸上具体位置的设计，如图3-58。

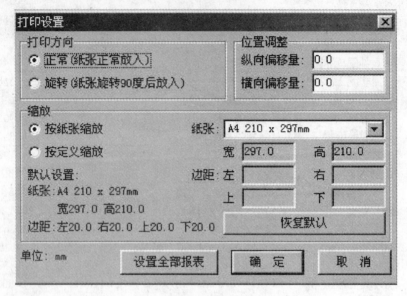

图 3-58 打印设置

3.4.10.6 软件数据维护

(1) 定额数据库管理

打开定额数据库管理窗口，可以查看、编辑各数据库。如图3-59。

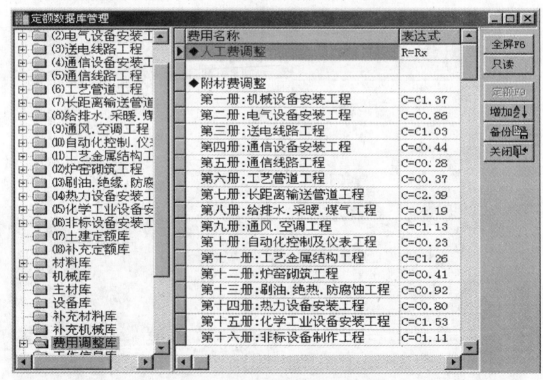

图 3-59 定额数据库管理

（2）工程取费模板管理

打开工程取费模板窗口，可以对取费模板进行查看和编辑，或建立新模板。如图 3-60。

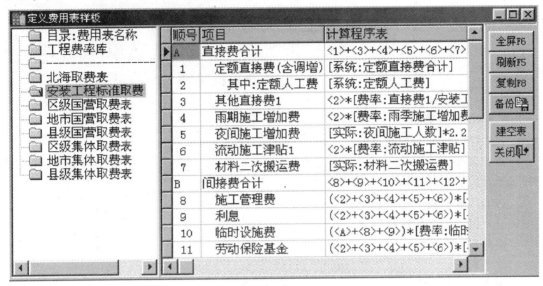

图 3-60　定义费用表样板

练 习 与 思 考

1．简述预算应用软件处理数据的流程。
2．简述土建工程预算软件、安装工程预算软件、装饰工程预算软件的工作流程。
3．安装工程预算软件与土建工程预算软件的使用区别是什么？
4．装饰工程预算软件与土建工程预算软件的使用区别是什么？
5．土建工程预算软件怎样进行定额换算？
6．安装工程预算软件、装饰工程预算软件怎样进行未计价材料的处理？

第4章 上机实习指导及实例

4.1 会计电算化上机实习

4.1.1 实习资料
4.1.1.1 企业背景资料
企业名称：长沙WW公司
地址：长沙市雨花区
法人代表：刘英
开户银行：工行长沙分行
账号：123—00030125（人民币户）
本币名称：人民币（代码：RMB）
主要银行结算方式：现金支票、转账支票、银行汇票、信汇
凭证类别：收款、付款、转账
企业类型：建筑企业
会计制度：企业会计制度、建筑施工企业会计制度
企业机构设置：共分为以下部门，包括总经理办公室、财务部、供应部、人事部、销售部。邮政编码、电话传真、税号、电子邮件等。

4.1.1.2 企业账户余额
企业2001年12月31日有关账户余额，如表4-1。

企 业 账 户 余 额 表　　　　　　　　表4-1

单位：元

序 号	总 账 账 户	明 细 账 户	借方余额	贷方余额
1	现 金		1000	
2	银行存款		4318965	
3	应收账款		122500	
		A公司	80000	
		B公司	42500	
4	坏账准备			3500
5	应收票据	C公司	30000	
6	短期投资		110000	
7	其他应收款		2000	
		叶 飞	500	
		王 华	1500	

续表

序号	总账账户	明细账户	借方余额	贷方余额
8	库存材料		438580	
		A材料	400000	
		B材料	38580	
9	低值易耗品		20400	
10	库存产成品		3241647.30	
11	待摊费用		200634	
12	长期股权投资		302532.67	
13	固定资产		3208233.92	
14	累计折旧			830674
15	专项工程支出		202348	
16	无形资产		205000	
17	短期借款			200000
18	应付账款			35500
		D公司		15500
		F公司		20000
19	应付福利费			3500
20	应交税金			69968.21
21	其他应交款	教育费附加		450
22	其他应付款			16700
		工会经费		9200
		教育经费		7500
23	预提费用			4800
24	实际收入资本			10000000
25	盈余公积			185430
26	资本公积			235700
27	利润分配	未分配利润		817618.68
	合计		12403840.89	12403840.89

4.1.1.3 企业经济业务

企业2002年1月发生的经济业务如下：

3日，签发现金支票，从银行中提出备用金2700元（支票号2478#）。

5日，收到大地公司现金捐款125000元，存入银行（支票号4221#）。

7日，业务员叶飞返公司报销差旅费380元，退回现金120元，报销差旅费1500元（支票号1235#）。

8日，以转账支票交纳上月应交营业税39648.21元，所得税30320元（支票号1235#）。

9日，预收A公司工程进度款150000元，存入银行（支票号2013#）。

10日,向D公司购入A材料480000元,已开出信汇凭证。A材料已验收入库。

10日,公司办公楼改建工程领用材料一批,其中:A材料150000元,B材料28580元。

11日,经研究决定与大华公司合股兴建某写字楼,拨付一批A材料(实际成本200000元)作为投资。

10日,销售混凝土构件价格计300000元,已收存银行(发票号3022#,支票号2422#)。

11日,签发现金支票80000元,准备发放工资(支票号2479#)。

11日,签发现金支票1800元,准备发放退休工资(支票号2480#)。

11日,以现金支付工资及退休金81800元。

14日,厂部购入劳动用品价格3600元,以转账支票支付,按12个月平均数摊销(支票号1236#)。

14日,财务部门报销差旅费、招待费2000元。

17日,收回A公司所欠账款122500元,存入银行(支票号1413#)。

18日,偿还所欠F公司账款20000元(转账支票号1237#)。

20日,支付水电费5624元,其中厂部1200元,施工耗用4424元(转账支票号1238#)。

22日,预提银行借款利息200元。

25日,分配职工工资,其中建筑安装工人工资52000元,公司管理人员工资16000元,现场管理人员工资10000元,医务人员工资2000元。

25日,按提工资总额的14%计提职工福利费。

25日,计提固定资产折旧,其中施工用固定资产折旧8600元,现场管理机构固定资产折旧900元,公司管理部门固定资产折旧3500元。

25日,摊销应列入本月的房产税510元。

25日,支付银行借款利息200元(转账支票号1239#)。

25日,摊销无形资产1050元。

25日,结转本月销售成本140000元。

25日,摊销待摊费用10000元。

25日,计提本月营业税(3%),城建税(税率7%),教育费附加(2%)。

25日,结转本月销售成本(销售成本率75%)。

25日,结转本月利润。

4.1.1.4 资产负债表

(1)资产负债表格式

资产负债表格式(部分内容),见表4-2,本表是固定表,表的总行数和列数固定不变。

资 产 负 债 表   表4-2

编制单位:长沙WW公司   2002年1月31日   单位:元

资产	行次	年初数	期末数	负债及所有者权益	行次	年初数	期末数
流动资产				流动负债			
货币资金	1			短期借款	46		

续表

资产	行次	年初数	期末数	负债及所有者权益	行次	年初数	期末数
应收账款	4			应付账款	48		
减：坏账准备	5			未交税金	53		
应收账款净额	6			预提费用	56		
其他应收款	8			流动负债合计	65		
存　货	9			长期负债			
				所有者权益			
流动资产合计	20			未分配利润	81		
				所有者权益合计	85		
总产总计	45			权益总计	95		

（2）参数描述

表名：ZCFZB.REP。

标题：资产负债表。

关键字：单位名称：长沙 WW 公司。

行数：50。

列数：8。

（3）概念描述

单元：由行和列确定的方格即为单元，单元的名称则由表示其列的字母和表示其行的数字组成。

区域：也叫块，由一组单元组成，自起点至终点单元是一个完整的长方形矩阵。

组合单元：由相邻的两个或两个以上的单元组成的区域，这些单元必须是同一种单元类型。

单元内容：可以是数值型数据、字符型数据、公式和关键字。

关键字：所谓"关键字"，就是在对三维电子表进行操作时，在多个表页间起到对表页进行定位、辨识作用的一类特殊的标志。在一个报表文件中，可能会有若干张表结构相同，而编制时间、编制单位不同的表页，只有依靠"关键字"才能找到所需表页及表单元，对其进行相应的操作。

在 UFO 报表系统中设立的关键字主要有：单位编号、单位名称、年份、季度、月份等。

表样格式：指包括标题、表头、表体、表尾、表格线和所有辅助说明文字。

单元属性：指单元的类型、数字格式和边框线。

单元格式：指报表数据的显示模式，如左对齐、右对齐、居中等。

单元风格：指单元内容的显示，包括字体、颜色图案、对齐方式和折行显示。

固定表：报表的格式固定，不随经济业务或统计数量的变动而改变其固有模式，称这种报表为固定表。

变动表：报表的格式不固定，需要根据业务统计与管理的需要随时改变报表大小或格式的报表，称这种报表为变动表。

格式状态：在格式状态下设计报表的格式，如设计表尺寸、表标题、表头、表体、单元属性、单元公式等。在格式状态下只能看到报表的格式，不能看到报表的数据。

数据状态：在数据状态下管理报表的数据，如输入数据、根据公式加工数据、舍位平衡计算、报表汇总等。在数据状态下不能修改报表格式，但能看到报表全部内容，包括格式和数据。

4.1.2 系统管理上机实习

4.1.2.1 实习目的

通过上机实习，使学生充分理解通用财务软件系统管理设置的原理，掌握系统管理设置的技能，为后续实习操作打下良好的基础。

4.1.2.2 实习内容

软件启动，操作员及权限设置，新建账套。

4.1.2.3 实习准备

系统具备运行通用财务软件（本书以用友财务软件 8.11 版为例）的硬件和软件环境，安装好用友财务软件 8.11 版。

4.1.2.4 操作程序

用友财务软件 8.11 版与传统的财务软件有根本不同，它是由财务软件、分销软件和决策支持软件等多个产品组成。为实现对各个产品进行统一的操作管理和数据维护，需要一个独立的产品模块，即［系统管理］模块来实现，并注册系统管理员为 admin 来对系统进行总体控制。系统管理员能管理该系统中的所有账套并可设置和修改管理员密码、设置操作员和账套主管、建立账套、引入和输出账套。

（1）启动系统管理

1）单击"开始"按钮，指向［程序］，［用友财务及企管软件 UFERP – M8.11］，［系统服务］，然后单击［系统管理］。

2）单击任务栏中的［系统管理 8.11］，屏幕出现［系统管理 8.11］窗口，如图 4-1。

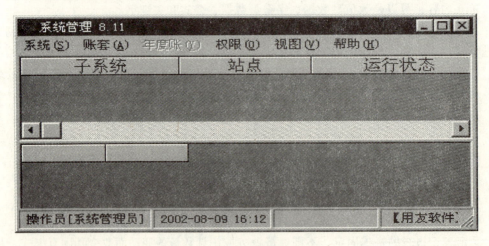

图 4-1 系统管理

（2）设置或修改系统管理员密码

1）在［系统管理］窗口的［系统］菜单上，如图 4-1，单击［注册（R）…］命令，系统提示"及时设置系统管理员口令",单击[确定]按钮,出现[系统管理员登录]对话框,第一次以系统管理员身份登录时,其口令为"空",如不修改口令,单击[确定]按钮即可注册成功。

2)若第一次注册时要修改系统管理员的密码,可不在系统管理员口令输入域中输入任何口令,单击选中[改密码]复选框,再单击[确定]按钮,屏幕弹出设置操作员口令对话框。

3)在新口令输入框和确认新口令输入框中分别录入自己选定的一个口令如"system"(口令输入后必须记住,否则下次进入时无法登录),单击[确定]按钮,完成操作员口令的设置并注册成功。

(3)新建账套

在建立账套前,必须事先准备好单位信息、各种信息的分类及编码原则。为了保证系统的安全,首次进入系统管理,必须进行系统管理员的密码的更改设置。在账套启用后,单位信息和编码原则不能再更改。

1)录入账套信息。启动"系统管理8.11"模块,在"系统管理8.11"窗口,选择[账套]下的[建立],出现"建立账套"的对话框,如图4-2。

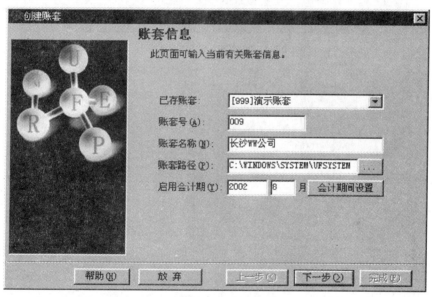

图 4-2 创建账套

输入新建账套的账套号如"01",输入账套名称"WW"公司,输入启用会计期"2002"年"1"月;单击[下一步]按钮,进入"建立账套"下的"单位信息"窗口输入单位信息。若单击[放弃]按钮,则取消此次建账操作。

2)录入单位信息。进入"单位信息"窗口,如图4-3。输入单位名称"长沙WW公司",单位简称"WW",单位地址"长沙市雨花区",法人代表"刘英",邮政编码、电话、传真、电子邮件、税号及备注内容;单击"下一步"按钮,进入"核算类型定义"窗口。

3)定义核算类型。进入"核算类型"窗口,如图4-4。

在本币代码输入框输入系统默认的"RMB",输入本币名称"人民币",企业类型从

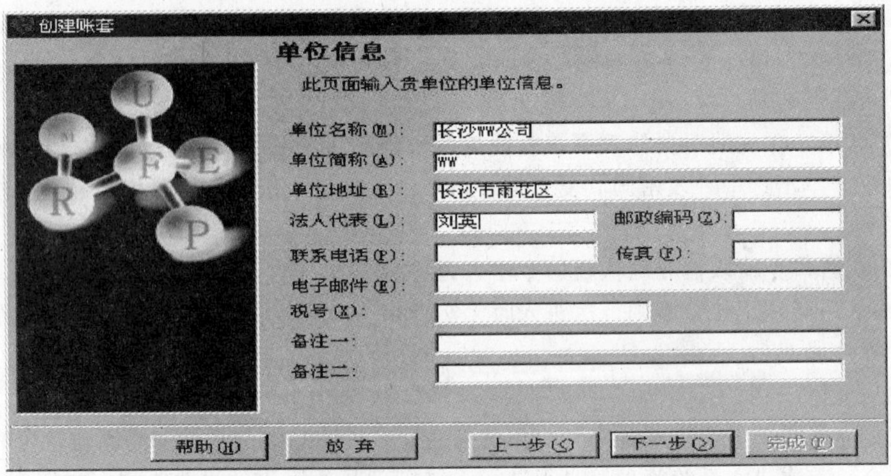

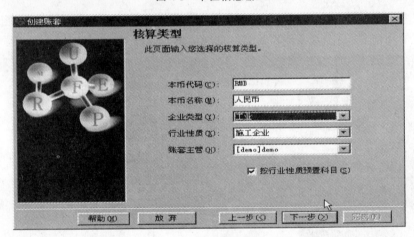

图 4-3　单位信息输入

图 4-4　核算类型输入

下拉框中选择"建筑企业",行业性质选择"建筑业",账套主管选择"system";单击"行业预置科目"前面的复选框,选择"行业预置科目";单击[下一步]按钮,完成核算类型定义,进入"基础信息"窗口。

4) 基础信息定义。进入"基础信息"框,如图 4-5。

单击"存货"、"客户"、"供应商"是否分类以及"外币核算"选项前的复选框,打上"√",以便对它们进行核算和管理;单击[完成]按钮完成设置;屏幕弹出"创建账套"对话框,并提示"可以创建账套了吗?"单击[是],屏幕弹出"分类编码方案"定义窗口。

5) 定义"分类编码方案"。进入"分类编码方案"窗口,如图 4-6,对各类编码方案进行修改,单击[确认]按钮,进入"数据精度定义"窗口。

6) 数据精度定义。进入"数据精度定义"窗口。进入存货数量、小数位、存货单价小数位、开票单价小数位、件数小数位、换算率小数位的定义,本实习均定义为 2 位;点击[确认]按钮,屏幕提示"创建账套{WW 公司(01)}成功"。

至此,完成 WW 公司新建账套的工作。

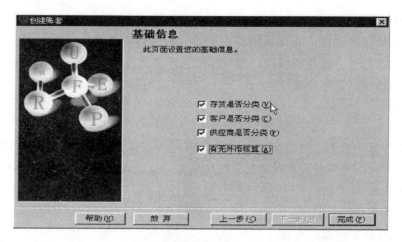

图 4-5 基础信息输入

项目	最大级数	最大长度	单级最大长度	是否分类	第1级	第2级	第3级	第4级	第5级	第6级	第7级	第8级	第9级
存货分类编码级次	8	12	9	是	2	2	2	2	3				
客户分类编码级次	5	12	9	是	2	3	4						
供应商分类编码级次	5	12	9	是	2	3	4						
收发类别编码级次	3	5	9	是	1	1	1						
部门编码级次	5	12	9	是	1	2							
结算方式编码级次	2	3	9	是	1	2							
地区分类编码级次	5	12	9	是	2	3	4						
成本对象编码级次	3	12	9	是	1	2	2						
科目编码级次	6	15	9	是	3								

图 4-6 分类编码方案

（4）操作员设置及财务分工

为了保证系统及数据的安全与保密，加强内部控制，应设置系统操作员并为其赋予权限，一方面可以避免与业务无关人员对系统的操作，另一方面可以对系统所有子产品的操作进行协调，以系统管理员身份注册进入。

1）操作员设置。进入"系统管理 8.11"窗口。选择［权限］菜单下［操作员］命令，单击鼠标左键，弹出［操作员管理］对话框，在［操作员管理］窗口，单击工具栏中［增加］按钮，弹出［增加操作员］对话框，如图 4-7，填写操作员的信息。

若对已设置好的操作员信息进行修改或删除，选中该操作员，然后单击工具栏中的［修改］或［删除］按钮，在［修改操作员］或［删除操作员］提示窗口修改或删除；返回［系

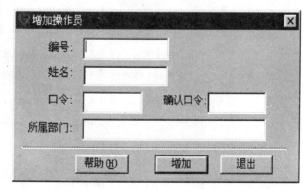

图 4-7 增加操作员

统管理 8.11]窗口。

2)操作员权限设置。在[系统管理 8.11]窗口，如图 4-1，选择[权限]菜单下的[权限]功能，打开[操作员权限]窗口，在[账套选择区]下拉框中选中[01]WW公司"，在年度选择区选择"2002"。

指定操作员"×××"（前已设置）为WW公司账套主管，在"账套主管"前打"√"。

单击选中另一操作员"×××"，单击工具栏中[增加]按钮，弹出[增加权限]对话框，按工作岗位要求双击相应的权限对其赋权，然后返回"操作员权限"窗口。

继续上述操作，完成对其他操作员的赋权。

返回"系统管理"窗口。

4.1.3 总账系统上机实习

4.1.3.1 实习目的

通过上机实习，使学生充分理解用友财务软件总账系统初始化原理，掌握总账系统初始化的基本操作，掌握凭证填制的内容及相应的控制、凭证审核和凭证记账方法，掌握期末结转等账务处理过程。

4.1.3.2 实习内容

总账系统启用、会计科目设置、外币及汇率设置、凭证类别设置、结算方式设置、操作员明细权限设置、常用摘要设置，常用凭证设置、凭证填制、凭证审核、凭证记账、期末结转等。

4.1.3.3 实习准备

系统已进行系统初始化设置，并建立WW公司账套。

4.1.3.4 操作程序

(1) 总账系统初始化设置

1)启用总账系统。单击"开始"按钮，依次指向[程序]，[用友财务及企管软件UFERP-M8.11]，点击[系统控制台]，进入"注册控制台"；选择账套：[01]WW公司；会计年度：2002；操作日期：2002年1月1日；输入用户名、用户密码，单击[确定]按钮，然后点击[财务系统]中[总账]选项。第一次进入总账系统时，首先出现"总账系统启用"窗口，选项设置如图 4-8。完成后单击"确定"按钮，进入总账系统主界面。

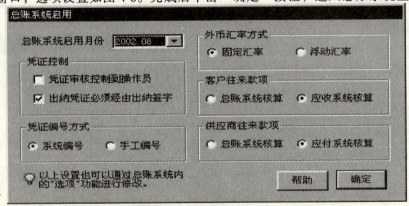

图 4-8 总账系统启用

2)选项设置。在[设置]菜单中,单击[选项],分别在[制单控制]、[凭证控制]、[外币核算]、[预算控制]等选项中,确定需要选择调整项目;在[客户往来款项]选择"总账系统核算",在[供应商往来款项]选择"总账系统核算",如图4-9。

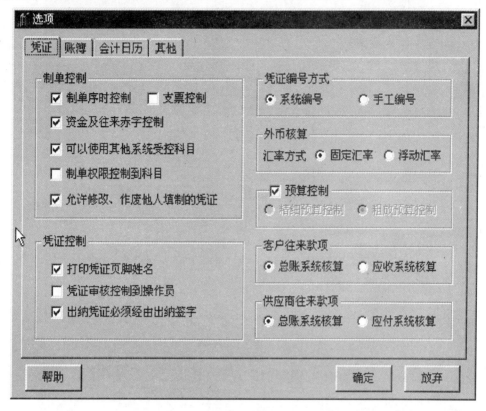

图4-9 选项设置

3)外币及汇率的设置。企业有外币业务,需进行外币及汇率的设置。在[设置]菜单中,单击[外币及汇率],出现"外币设置"窗口,分别输入外币币种、币名、汇率小数位数等信息,选择折算方式,如图4-10。

4)凭证类别的设置。在[设置]菜单中,单击[凭证类别]进入"凭证类别预置"窗口,如图4-11,选中"收款凭证,付款凭证、转账凭证"的分类方式。

5)结算方式设置。在[设置]菜单中,单击[结算方式],进入"结算方式"设置界面,如图4-12所示,在相应栏目中输入结算方式编码及结算方式名称等;若要修改,则单击[修改]按钮,便可完成。

6)设置会计科目。在总账系统主界面,设置会计科目,包括会计科目的增加、删除、修改的基本操作。

在[设置]菜单中,单击[会计科目],进入"会计科目"窗口,如图4-13所示。

单击[增加],进入"会计科目—新增"窗口,顺序输入会计科目的有关内容,若要对某一会计科目进行修改,选中该科目,单击[修改],进入"会计科目—修改"对话框,修改后单击"确定"按钮。

7)期初余额录入。在开始使用总账系统时,应将经过整理的手工账科目的期初余额

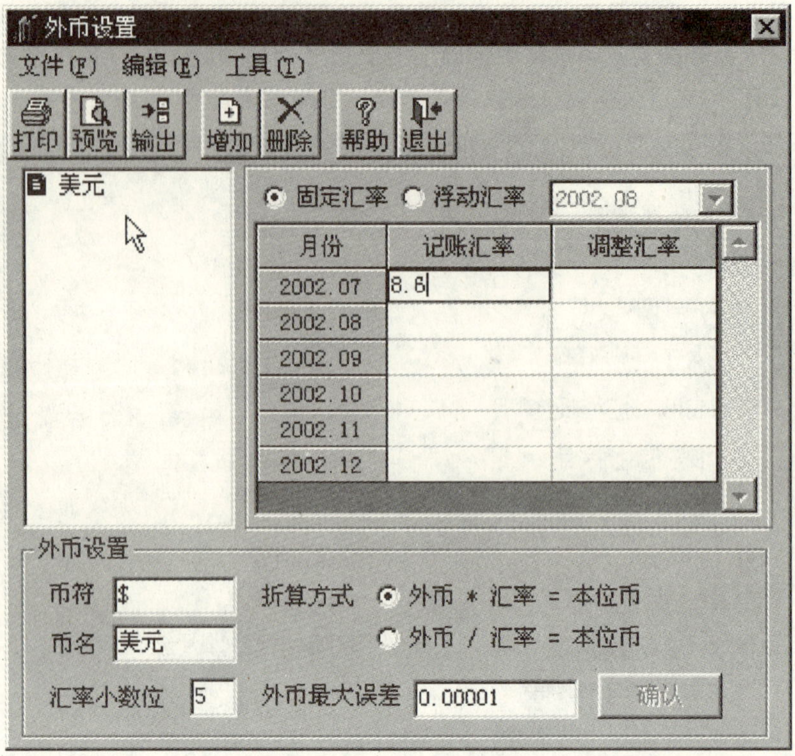

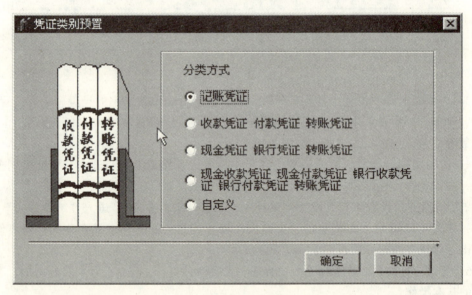

图 4-10 外币设置

图 4-11 凭证类别预置

录入计算机。在［设置］菜单中，单击［期初余额］，进入"期初余额录入"窗口，如图 4-14 所示，依次录入各科目余额。本案例中录入 2001 年年末余额。录入完毕，单击［试算］按钮，进入"期初试算平衡表"，检查余额是否平衡。若所录入的余额有误，双击该科目，余额即可进行修改。

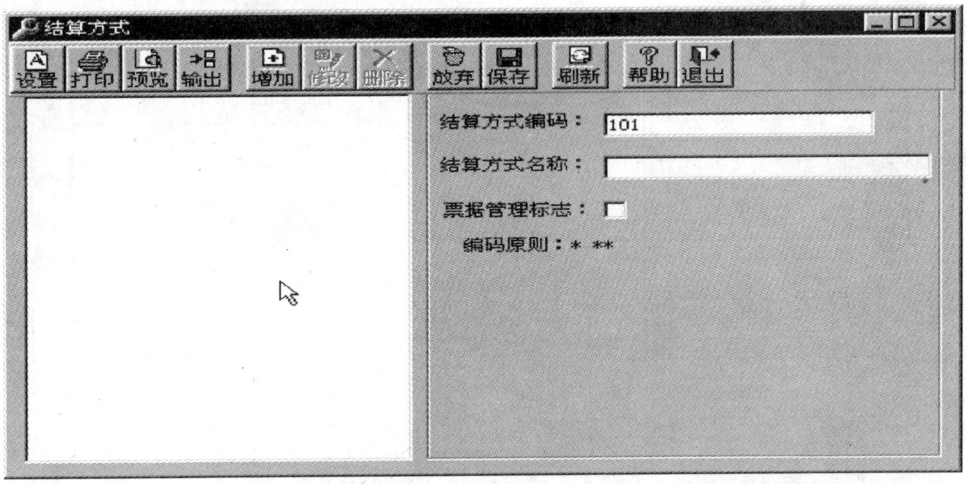

图 4-12 结算方式设置

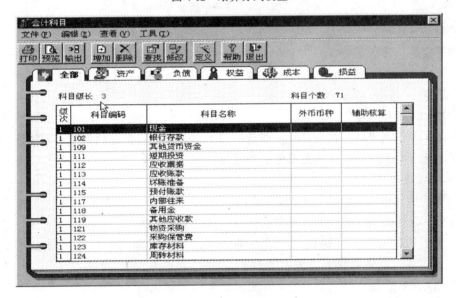

图 4-13 会计科目

注意事项：

a. 若某会计科目存在二级明细科目，录入科目余额时必须选择末级科目开始录入，该科目的总账余额由计算机自动生成。

b. 调整科目余额的借、贷方向时，单击[方向]按钮即可完成。但只能在总账科目调整余额方向，录入期初数据后不能调整余额方向。

c. 录入期初余额时，若某科目涉及辅助核算，则必须按辅助项录入期初余额，往来科目（含个人往来、客户往来、供应商往来账的科目），应录入期初未达项。

8) 自定义转账设置。自定义转账功能可以完成的转账业务主要有："费用分配"的结转，如二次分配等；"费用分摊"的结转，如间接费用等；"税金计算"的结转；"提取各项费用"的结转，如提取福利费等。

在总账系统界面，单击系统菜单[期末]菜单下[转账定义]，选择[自定义结转]，

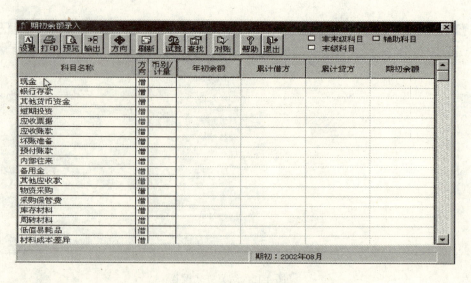

图 4-14 期初余额录入

出现"自动转账设置"界面;单击[增加],屏幕弹出"转账目录"界面,在界面上录入凭证主要信息:转账字号(如为0001),转账说明(如计提福利费),凭证类型选择"转账凭证",单击[确定];进入"自动转账设置"窗口,双击表格,在相应的单元输入内容,然后单击[保存]。

(2) 日常账务处理

初始化工作完成后,就是日常的账务处理工作。主要包括:凭证输入、凭证审核、凭证记账、期末结账等工作。这是账务处理系统的核心部分。

1) 凭证输入。

a. 凭证输入格式。记账凭证的格式分凭证头、凭证正文两部分。凭证头由类别、编号、日期、附件张数组成,凭证正文由摘要、会计分录组成。

b. 凭证的输入方法。操作员先进入账务处理系统,单击系统主菜单中[凭证]的[填制凭证]菜单,即可输入有关内容。

凭证类别按初始化时已定义的凭证类别,输入类别代码或类别名称。

凭证编号一般由会计核算软件自动生成,也可以由手工输入,手工输入时应注意对凭证号的连续性进行控制。由于凭证行数远超过五行,所以一般不用手工系统中对复杂的复合分录编号采用的表示方法。

填制会计凭证的日期时,不能大于系统日期,可以小于当前日期,但必须以当前日期的凭证尚未填制为前提,否则,称为日期倒流。

附件张数根据填制记账凭证所依据的原始凭证实际输入。

凭证摘要是记账凭证所反映会计业务的文字简单说明,可直接用键盘输入,也可通过摘要库用代码选择输入。

会计科目的输入一般采取输入科目编码,计算机根据科目编码自动转换为会计科目名称。会计科目的输入过程很简单,根据原始凭证发生的业务进行归纳整理,确定应该输入的科目后,输入该科目的编码就可以了。为了防错或查错,一般每张凭证上应先输入借方科目代码,后输入贷方科目代码。在输入会计科目的过程中,若遇到初始化未设置的科目，提示科目不存在，应先设置再使用。

金额输入时要先把光标移到正确的方向栏内，如借方，然后输入数字，防止方向搞反，以及零位的错位。

如图4-15所示是凭证查询界面。

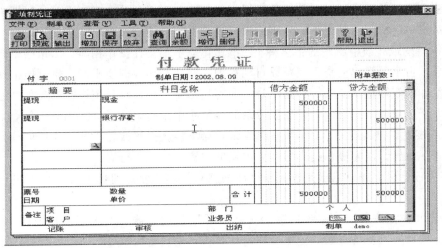

图4-15 凭证查询

总之，在凭证输入时，一般应一笔分录一张凭证，以便查错和改错，科目的对应关系也较明确。同时还应注意以下几点：一是要注意与业务日期相一致，必须在上一天的凭证全部输入的情况下，才能输入当天的凭证；二是要注意会计科目必须输入最底层的科目编码；三是要注意如果会计科目有辅助账，必须同时输入辅助账的内容，在输入银行对账的科目时，必须输入结算凭证号的名称，便于进行银行对账。

2）凭证审核与修改。记账凭证在记账前，经由审核人员对制单员填制的记账凭证进行审核。按照会计制度规定，记账凭证的填制与审核不能为同一人，因此在进行审核凭证以前，应进入［文件］菜单下的［重新注册］功能中更换操作员，才能执行审核。

审核员进入系统。在[凭证]菜单中,单击[审核凭证],出现审核凭证条件窗口如图4-16所示,输入审核凭证的条件后,单击[确认]便会显示凭证一览表,然后逐张审核。

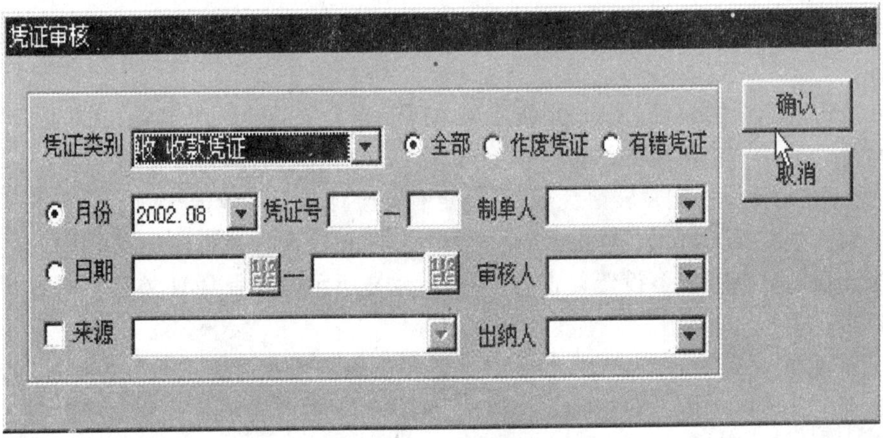

图4-16 凭证审核

a. 审核内容。审核的内容有：日期审核，一般只能按日期顺序填制，不允许填制已结账月份的凭证；摘要审核，摘要说明是否与分录反映业务相一致；科目审核，检验科目输入是否正确；金额审核，主要检验数字的正确性，要特别注意小数点及零的位数。

b. 审核方法。简单审核方法，是对凭证的上述要素逐项、逐张进行审核并签章。综合审核方法，是借助于通用财务软件的模拟记账功能，对于合计数或若干个科目期末余额审核及核对统一签章。两种方法的采用应根据操作者的具体情况而定。

c. 审核发现凭证中出现的错误种类。电算化与手工会计操作相同，出错频率较多处是会计分录，由于电算化借贷平衡可以自动检测，因此合计数即使平衡，也可能出现合计金额错误以外的四种错误：第一种是借贷方向写反；第二种是科目用错；第三种是编制分录的金额大于正确金额；第四种是编制分录的金额小于正确金额。

d. 审核发现错误后的修改。审核时发现错误不能直接修改，必须记住凭证编号，选择修改功能，调出错误凭证，把光标调到出错的位置，然后进行修改。

3）凭证输出。凭证输出是以记账凭证的格式屏幕显示或打印输出，也可进行凭证汇总输出。

4）记账。记账凭证经审核签字后，即可用来登记总账、明细账、日记账、部门账、往来账、项目账以及备查账。记账工作由计算机自动进行数据处理。

在［凭证］菜单中，单击［记账］，进入"记账向导一"窗口，按要求输入要进行记账的凭证范围，最后单击［记账］按钮，即可完成记账工作。

注意事项：

a. 在记账过程中，不得中断退出。

b. 在第一次记账时，若期初余额试算不平衡，系统将不允许记账。

c. 所选范围内的凭证如有不平衡凭证，系统将列出错误凭证，并重选记账范围。

d. 所选范围内的凭证如有未审核凭证时，系统提示是否只记已审核凭证或重选记账范围。

5）期末业务处理。期末处理工作包括成本费用的计提、分摊、对账、结账等内容，这其中有很多工作每月都必须做，使用方法一经确定很少改变，因此，可将这些相对固定的业务预先定义好凭证框架，并为它们定义好取款数公式，以后每月只需调用转账生成功能，即可生成凭证。

a. 定义自动转账凭证。在自动结转损益类科目前，所有有效凭证（包含自定义结转生成的凭证）必须已记账。

(a) 销售成本结转设置：单击系统主菜单［期末］下的［转账定义］中的［销售成本结转］命令，显示"销售成本结转设置"窗口，如图4-17所示。

从凭证类别框中选定"转账凭证"，选定有关会计科目，单击［确定］。

(b) 期间损益结转设置：单击系统主菜单［期末］下的［转账定义］中的［期间损益］命令，显示"期间损益设置"窗口，如图4-18所示。选择凭证类型：转账凭证；选定有关科目；单击［确定］。

b. 转账生成。

(a) 自定义转账生成：单击系统主菜单［期末］下的［转账生成］命令，出现"转账生成"窗口；选定结转月份和自定义结转选项；单击［确定］。

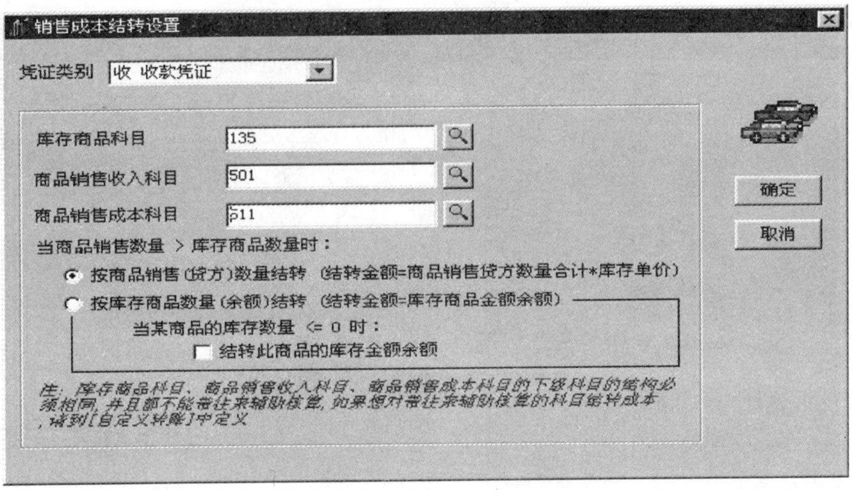

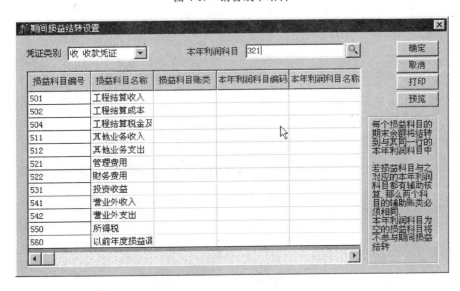

图 4-17　销售成本结转

图 4-18　期间损益结转设置

(b) 期间损益转账生成：单击系统主菜单 [期末] 下的 [转账生成] 命令进入"转账生成"窗口；选定期间损益结转选项，选定开始月份、结束月份、类型，单击 [全选]，单击 [确定]。

c. 对账。对账是对账簿数据进行核对，以检查记账是否正确。它主要是通过核对总账与明细账、总账与辅助账数据来完成账账核对。一般，只要记账凭证录入正确，计算机记账后，各种账簿都应是正确、平衡的，但由于非法操作、计算机病毒或其他原因有时可能会造成某些数据被破坏，因而使账账不符。为了保证账证、账账相符，可经常使用本功能进行对账，至少每月一次。

单击系统主菜单 [期末] 下的 [对账] 命令，显示"对账"窗口，如图 4-19 所示。依次双击或单击"是否对账"、"对账"、"试算"按钮即可完成。

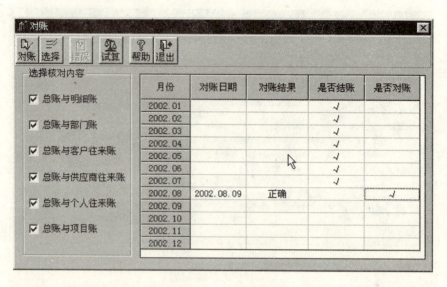

图 4-19 对账界面

d. 结账。在电算化信息系统中,结账只能每月进行一次。上月未结账,则本月不能结账,但可以填制、复核凭证;本月还有未记账凭证时,则本月不能结账;已结账月份不能再填制凭证;若总账与明细账不符,则不能结账。结账只能由有结账权的人进行。

单击系统主菜单下 [期末] 菜单中的 [结账] 命令,显示"结账"窗口,如图 4-20。选择要结账月份后,单击 [下一步],按 [对账] 按钮,系统对要结账的月份进行账账核对;对账完成后,单击 [下一步],显示"结账"窗口,单击 [结账] 即完成结账工作。

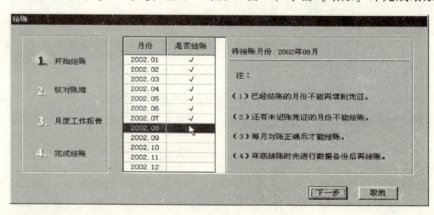

图 4-20 结账界面

4.1.4 报表系统上机实习

4.1.4.1 实习目的

通过上机实习,掌握使用 UFO 通用财经报表处理系统建立报表的方法、设计报表格式的方法与步骤、报表的取数公式和计算公式的编辑方法、报表数据的处理方法与步骤。

4.1.4.2 实习内容

报表建立,设计报表格式,定义各类公式,报表数据处理,报表打印。

4.1.4.3 实习准备

完成系统管理上机实习和总账系统上机实习。

4.1.4.4　操作程序

（1）启动 UFO 报表系统

成功安装 UFO 后，将在 windows 开始菜单的"程序"中自动加入一项"用友软件"；点取此项出现可执行程序，点击 UFO 即可启动 UFO，屏幕显示 UFO 系统窗口，如图 4-21 所示。

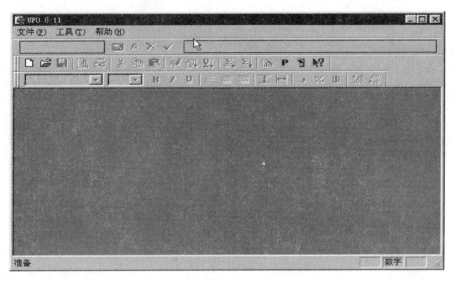

图 4-21　UFO 电子表格系统主画面

（2）定义报表格式

在报表的格式设计状态下，划出表格。

1）定义报表名称。如果是建立新文件，则工作区是空表；如果文件已经存在，则将原文件调入工作区可进行修改。

单击［文件］菜单中的［保存］命令，输入文件名，如：ZCFZB，按回车键即可保存。

2）定义表尺寸。点击［格式］菜单中［表尺寸］命令，屏幕显示如图 4-22，输入表的行数"50"与列数"8"，单击［确认］按钮。

3）设置列宽和行高。选定要调整行高的 1 行或多行，单击［格式］菜单中［行高］命令，在"行高"命令编辑框中输入 0—480 之间的行高值。列宽的设置与行高的设置方

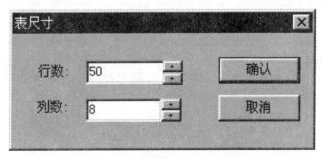

图 4-22　设置表尺寸对话框

法类似。

4) 区域划线。选取要划线的区域,单击[格式]菜单中[区域划线],在"划线类型"和"格式"中选取一种即可。

5) 设置单元属性。选取要设置单元属性的区域,单击[格式]菜单中的[单元属性],弹出"单元属性"对话框,如图 4-23 所示。

定义单元属性:"权值",或"字符"或"表样";若选择的是"数值",则要选择"数字格式";定义边框式样。

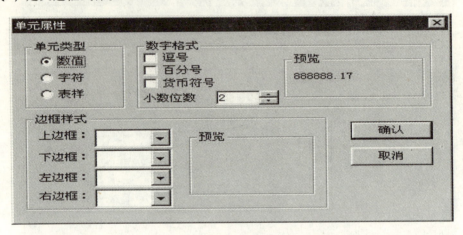

图 4-23 设置单元属性对话框

6) 设置单元风格。即字体、字号、对齐方式、颜色图案设置。单击[格式]菜单中的[单元风格]命令,在"单元属性"对话框中设置,如图 4-24。

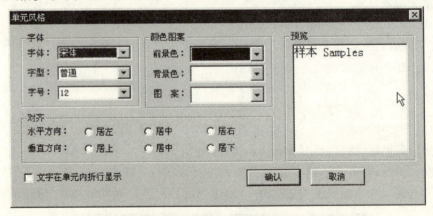

图 4-24 设置单元风格对话框

7) 输入标题和表样文字。将 $D_1:E_1$ 设定为一个区域,选择[格式]菜单中的[组合单元]功能,点击"按行组合"命令,在 $D_1:E_1$ 组合单元内,录入表格标题:资产负债表,依次录入 A 列及其他单元文字。

8) 设置关键字。点击[数据]菜单中的[关键字]下的[设置]命令,选择关键字后确认。

9) 保存退出。点击[文件]菜单中的[保存]命令,系统保存当前所设计的报表;

点击［文件］菜单中的［退出］命令，系统退出 UFO。

(3) 定义报表公式

1) UFO 提供的报表公式。

a. 计算公式，即单元取值运算公式。如：

$C_3 = C_1 + C_2$，或 $C_3 = PTOTA (C_1:C_2)$

含义是：C_3 单元的数据等于 C_1 单元的数值加上 C_2 单元的数值。

$D_2 = QM$（"101"，月，"借"，"01"，2002）+ QM（"102"，月，"借"，"01"，2002）+ QM（"109"，月，"借"，"01"，2002）

含义是：D_2 单元的数值等于 01 账套 "101" 科目、"102" 科目、"109" 科目 2002 年本月的借方期末数之和。

$D_7 = QM$（"113"，月，"借"，"01"，2002）

含义是：D_7 单元的数值等于 01 账套中 "113" 科目的 2002 年本月的借方期末数。

b. 审核公式，即报表间勾稽关系检查公式。由用户自己定义，如：$C_{36} = F_{36}$ MESS "资产总计不等于负债及所有者权益总计"。含义是：检查报表中 C_{36} 单元的值是否等于 F_{36} 单元的值。如果不等，则在屏幕上显示信息 "资产总计不等于负债及所有者权益合计"。

c. 舍位平衡公式。将以元为单位的报表通过进位计算变成以百元、千元、万元为单位的报表，并保证经舍位后，报表仍保持既定的平衡关系的公式。

d. 图形公式，将表格形式转换为图形分析方式的公式。

e. 合并报表公式，剔除基层单位报表中的应扣除因素并将这些报表合并成总括财务报表的公式。

2) 编辑报表公式。报表格式设计完毕，可在报表格式设计状态下，进行计算公式的编辑。

a. 计算公式编辑。直接编辑公式：选取要编辑公式的单元格，将设计好的取数公式输入 "定义公式" 的对话框中，点击［确认］即可，如图 4-25 所示。

图 4-25 定义公式对话框

利用函数向导编辑公式：UFO 提供了函数向导，通过函数向导，可方便地定义所需公式。方法是点击［函数向导］，选择所需要的函数，如用友账务函数、统计函数等，依次按屏幕显示内容操作。

b. 审核公式编辑。选择数据菜单的编辑公式中的 "审核公式"，在弹出的对话框中输入设计好的审核公式，如：$C_{36} = F_{36}$ MESS "年初数 资产 ≠ 负债 + 所有者权益"，$D_{36} = G_{36}$ MESS "年初数 资产 ≠ 负债 + 所有者权益"，按［确定］即可。

(4) 报表打印

1) UFO 打印的特点:
所见即所得:屏幕显示内容和位置与打印效果一致。
打印预览功能:随时观看实际打印效果。
页首页尾功能:自动重复打印报表的表头和表尾。
自动分页功能:根据纸张大小和页面设置,对普通报表和超宽报表自动分页。
缩放打印功能:可在 0.35 倍与 3 倍之间缩放打印。
2) 操作步骤。
a. 页面设置。点击文件菜单中"页面设置","页面设置"对话框如图 4-26 所示。设置边距、缩放比例、页首和页尾。

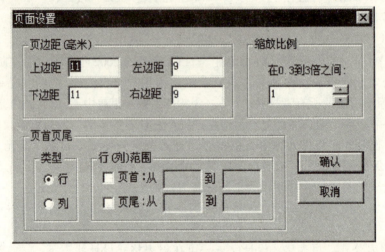

图 4-26　页面设置

b. 打印预览。
c. 打印。在格式状态下打印,只打印报表的格式;在数据状态下执行打印,将打印当前表页的所有内容。

4.1.5　工资管理上机实习

工资是以货币形式支付给职工个人的劳动报酬。工资核算是每个单位的一项重要基础性工作,它涉及到每个职工的切身利益,同时又是一项繁杂的工作。

4.1.5.1　实习目的
通过上机操作,全面了解和掌握工资核算软件系统处理功能和操作流程。

4.1.5.2　实习内容
系统初始化,工资数据的编辑与输出。

4.1.5.3　实习准备
准备好与工资核算有关的资料,如考勤表、工资登记表等。

4.1.5.4　操作程序
(1) 系统初始化
通用工资核算软件一般不固定工资核算的内容和方法,而是由具体单位根据实际情况通过系统初始化自行设定工资核算功能模块的工作模式。

1) 设置多套工资核算。工资核算软件可进行多套工资设置。如在职人员、退休人员和临时人员的工资,可设成三套工资,各套工资数据相对独立,分别处理,相互间没有汇总关系。

2) 部门定义。为了反映企业各部门的工资支出总额,统计和分析工资核算的各项指标,需要进行工资的总分类核算。工资核算软件必须对企业各部门进行编码,设定部门编号。部门编号分三级,每级两位,下一级自动向有隶属关系的上一级进行工资汇总。

3) 工资项目设置。工资项目应包括手工核算时工资结算单上所列的各个项目,还应包括与计算这些项目有关的原始项目和中间过渡项目,这些工资项目是各单位必备的;有些项目则不尽相同;有些项目的数据长期不变,属于固定项目;有的每月都有变动,属于变动项目。为此,在软件中预先设置一些必备的工资项目,如编号、单位、姓名、应发合计、扣款合计、实发工资等,其他项目可根据需要自行增加和修改,以适应各单位的需要。

例如某企业的工资项目可作如下设置:

序号	项目	类型	宽度	小数
01	编号	C	9	
02	单位	C	10	
03	姓名	C	6	
04	日工资	N	6	2
11	基本工资	N	6	2
12	副补	N	6	2
13	工龄工资	N	6	2
14	交通费	N	6	0
15	洗理费	N	6	0
16	应发合计	N	8	2
17	缺勤天数	N	6	0
18	缺勤扣款	N	6	0
20	扣养老金	N	6	2
31	捐款合计	N	6	2
38	实发工资	N	8	2

4) 公式设定。即设定工资项目中各种非原始项目的计算公式,它表达了工资项目间的相互关系。例如:

序号	项目名称	计算公式
01	应发工资	基本工资+副补+工龄工资
02	应发合计	应发工资+交通费+洗理费
03	缺勤扣款	缺勤天数×日工资
04	扣款合计	缺勤扣款+扣养老金
05	实发工资	应发合计−扣款合计

5) 打印表格定义。由于工资数据的零散性,在进行工资发放时,必须将工资内容输

出，以便于各部门人员集中领取，并签上姓名，保证职工工资的安全。

表格包括：工资汇总表、工资发放表、工资发放条、职工花名册等。这些表格管理的信息是工资核算的结果。由于各单位的工资表格不尽相同，为此，每种表格的形式应由操作者自行确定。

表格定义是通过在屏幕显示的表格中输入各栏目设置信息来进行的。屏幕表格及信息见表4-3。

工资表格定义格式 表4-3

序号	栏目名称	宽度	打印内容
01	编号	4	'' + SUBS（编号，7，3）
02	姓名	8	姓名
03	基本工资	10.2	基本工资
04	各项补贴	10.2	副补 + 肉补 + 粮补 + 煤补
			（略）
15	实发	5.2	实放工资
20	签发	8	

注：'' 是前空格，SUBS（编号，7，3）表示从编号的第七位开始取三位。

通过上面信息的确定，最后打印输出相关的表格，输出格式见表4-4。

工资表格输出格式 表4-4

编号	姓名	基本工资	各项补贴		实发	签发
001	张三	131.00	32.00		203.50	
002	李四	112.00	32.00		197.50	

(2) 工资数据处理

初次使用系统时，应先进行个人工资基本数据输入，在以后的正常使用中，必须调整职工变动信息，完成各月初始处理等。

(3) 汇总计算

汇总计算应首先按设置的计算公式对每个人员的工资数据进行计算，然后按单位级次分级汇总工资，并提供分钱清单。首先应按单位进行汇总，程序运行后生成当月工资汇总数据，然后可根据需要选择计算单位分发工资的全部分钱数（票面张数），可选100元、50元或10元券作为最高面额。

(4) 数据输出

工资数据可按屏幕和打印机两种途径输出。

1) 查询输出。这种功能可实现从屏幕输出。可按个人、单位或其他指定条件查询工资数据并显示。

2) 打印输出。此功能是把个人工资数据和各部门、车间科室的汇总数据以工资表等形式打印出来。

3) 利用软件提供的工资数据，通过银行代发工资。这种方式是通过磁盘或以联网方式与银行进行数据传递。要按银行要求的数据项目在软件中进行设置，其中"账号"等内容必须由开户行规定。

（5）工资数据的管理

所有的工资数据都应进行软盘备份，这样既可以作为档案保存，又为数据的安全性提供了保证。

4.1.6 固定资产管理上机实习

4.1.6.1 实习目的

通过上机操作，全面了解和掌握固定资产核算软件在单位会计中的处理功能和操作过程。

4.1.6.2 实习内容

系统初始化、变动数据输入、记账转账和账表输出。

4.1.6.3 实习准备

准备好部门编码及固定资产代码表、固定资产卡片结构表、各类固定资产初始卡片和固定资产变动资料。

4.1.6.4 操作程序

（1）系统初始化

初始化是指在开始使用固定资产核算系统时所做的基础工作。第一次使用时要定义固定资产分类编码、设置部门代码、定义固定资产卡片结构、装入初始卡片、操作员管理等。

（2）输入变动数据

固定资产变动是指固定资产的收入、出售、报废、调拨等。固定资产变动数据涉及的资料很多，如发票、购进合同、验收报告等。

1）固定资产增加核算。固定资产增加的基本途径，可分为固定资产的"购建、外单位转入、捐赠、盘盈"等。核算时，根据实际业务要求，在固定资产卡片中选择输入固定资产增加的信息内容。

2）固定资产减少核算。固定资产减少的基本途径，可分为固定资产的出售、报废、毁损、盘亏等。

3）固定资产盘盈盘亏。固定资产的盘盈是根据固定资产盘存报告单，将在固定资产清查中，实际清查数大于账面数的固定资产，按照固定资产卡片的格式录入盘盈资产的各个项目，加注"盘盈"标记，最后再建立固定资产盘盈档案。

固定资产的盘亏是根据固定资产盘存报告单，把在固定资产清查中，实际清查数少于账面数的固定资产由卡片中调出，经确认后，填入盘亏原因、使用部门意见、审查小组意见和审批部门意见，并在此固定资产卡片的变更标志栏注上"盘亏"标记，建立盘亏卡片库。

4）卡片修改。固定资产卡片修改包括：固定资产价值变动、内部转移、停用、封存、启用等几方面内容。当进行卡片修改时，务必要输入固定资产的各相关项目。因为所有输入的相关项目要与卡片对应的相关项目进行加减运算。

5）输入本月工作量。采用"工作量"法计算折旧的固定资产，需要每月录入本月工作量，以便为折旧的计算提供依据。

（3）计算汇总

固定资产的"计算"、"汇总"包含两种意义：一是本月变更数据和卡片的汇总；一是计算折旧费。前者为主管部门提供全面、正确反映固定资产的结构、原值、折旧、余额、增减动态和占用等情况,后者为成本核算提供转移价值的依据。

(4) 账表输出

账表输出的内容主要包括:查询打印卡片、固定资产明细账、部门固定资产明细账、折旧汇总分配表、固定资产统计表等。

4.2 预算电算化上机实习

4.2.1 上机实习目的与要求

4.2.1.1 实习目的

通过上机实践,理解预算应用软件处理数据的流程,理解使用计算机辅助编制建筑工程预算的特点,掌握预算应用软件的上机操作步骤和方法,从而真正掌握预算软件的使用。

本实习指导采用实例教学法,旨在培养学生举一反三的能力。

4.2.1.2 实习的要求

在预算软件上机操作之前,必须先具备建筑工程土建预算、安装预算和装饰预算的知识,具备手工编制预算的初步能力,还须具备计算机的基础知识及初步上机操作的能力。

准备上机数据。除了书本所给的预算工程量数据之外,最好准备几个实际工程的工程量数据,拿实际工程的数据上机才能真正掌握预算软件的使用。

上机实习后,应整理出实习报告,记录(或打印)预算报表。

4.2.2 土建工程预算软件上机实习

4.2.2.1 实习目的

了解土建预算软件的数据流程,掌握土建预算软件上机操作的方法和步骤,学会使用土建预算软件编制预算书。

4.2.2.2 实例资料

工程名称:小商场

编制说明:本工程预算是依据甲方提供的施工图,依据《全国统一土建工程预算定额广西价目表》和《广西壮族自治区土建工程费用定额》及现行的有关规范编制。取费按土建五类工程计取;材料信息价按《南宁市建设工程造价信息》2002年第一期计取。

定额工程量清单见表4-5。

小商场定额工程量清单表 表4-5

定 额 名 称	定额单位	工程量	定 额 名 称	定额单位	工程量
一、土石方工程			三、脚手架工程		
人工挖沟槽三类土 深度≤2m	100m³	0.312	里脚手架,竹制3.6m以下	100m²	0.654
人工挖基坑三类土 深度≤2m	100m³	0.703	竹制外脚手架16m以下,双排	100m²	6.621
人工回填土 夯填	100m³	0.714	满堂脚手架高7.1m,竹制	100m²	0.085
人工平整场地	100m²	4.549	现浇混凝土运输道,楼板钢管架	100m²	5.353
人工运土方 运距100m	100m³	0.273	四、砌筑工程		

续表

定 额 名 称	定额单位	工程量	定 额 名 称	定额单位	工程量
M5混浆|混水砖墙 中砖24cm	10m³	11.302	找平层 混凝土或硬基层上20mm水泥沙浆	100m²	4.984
M5混浆|砖砌台阶	10m²	0.009	2/C20|找平层 细石混凝土30mm	100m²	2.282
M10混浆|钢筋砖过梁	10m³	0.554	水泥沙浆台阶20mm	100m²	0.011
砖砌体钢筋加固 不绑扎	t	0.190	水泥砂浆 加浆抹光随捣随抹5mm	100m²	2.571
五、混凝土及钢筋混凝土工程			水泥砂浆防滑坡道	100m²	0.022
4/C25中|基础梁JL1	10m³	0.867	4/C10中|混凝土散水 砂浆面20mm混凝土60mm	100m²	0.160
4/C15中|带形基础 混凝土	10m³	0.719	明沟 混凝土垫层内空200×250 标砖11.5cm	100m	0.294
4/C25中|柱基 钢筋混凝土捣制柱下	10m³	2.016	釉面砖楼地面 每块周长	100m²	2.466
4/C20|构造柱	10m³	0.276	釉面砖踢脚板	100m	1.741
4/C25中|钢筋混凝土柱 高6m周1.8m	10m³	1.554	八、屋面及防水工程		
4/C25中|地圈梁	10m³	0.325	改性沥青卷材	100m²	2.767
2/C25中|肋形楼板	10m³	8.632	钙塑管 水落管	10延长米	1.440
装配式地沟盖板安装	10m³	0.037	钙塑管 水斗	10个	0.200
2/C20|装配式地沟盖板制作	10m³	0.038	刷冷底子油 第一遍	100m²	2.767
装配式小型构件运距1km	10m³	0.037	防水砂浆 平面防水	100m²	0.186
捣制构件钢筋调整 圆钢10以内	t	2.536	十、装饰工程		
捣制构件钢筋调整 圆钢10以上	t	−7.656	墙面、墙裙抹水泥砂浆 砖墙15+5mm	100m²	0.238
捣制构件钢筋调整 螺纹钢10以上	t	10.927	墙面、裙抹混合砂浆 墙面15+5mm	100m²	5.730
六、木作工程			独立柱面混合砂浆抹 矩形混凝土柱	100m²	0.336
胶合板门不带纱单扇无亮（普通）	100m²	0.019	墙面贴彩条砖 缝宽10mm	100m²	5.695
胶合板门不带纱双扇无亮（普通）	100m²	0.076	混合砂浆底 混合砂浆面顶棚	100m²	6.524
单玻平开木窗双扇无亮	100m²	0.144	单层木门 底油一遍调和漆二遍	100m²	0.095
木门窗运输 运距3km以内	100m²	0.239	单层木窗 底油一遍调和漆二遍	100m²	0.144
七、楼地面工程			单层钢门窗 调和漆二遍	100m²	0.126
垫层 灰土	10m³	0.065	单层钢门窗 红丹防锈漆一遍	100m²	0.126
垫层 三合土或四合土	10m³	0.010	单层钢门窗 银粉漆二遍	100m²	0.126
垫层 砾（碎）石 干铺	10m³	0.008	墙面 聚乙烯醇 刮腻子	100m²	5.730
4/C10|垫层 混凝土	10m³	1.369	梁柱顶棚面 聚乙烯醇 刮腻子	100m²	6.860
4/C20中|垫层 混凝土	10m³	0.608	十一、金属结构工程		
4/C15中|垫层 混凝土	10m³	0.017	普通钢窗 单层制安	100m²	0.126
4/C10|垫层 混凝土（R×1.2）	10m³	0.562	普通钢窗运输3km	10t	0.031
垫层 炉（矿）渣混凝土	10m³	2.898	钢门窗安玻璃	100m²	0.126

4.2.2.3　上机内容及步骤

土建工程预算软件上机实习内容与步骤如下：

（1）工程信息输入。

（2）工程量输入。

（3）定额换算。

（4）制作材料价差表。

（5）制作费用表。

（6）数据审查及报表打印输出。

4.2.2.4　操作程序

土建工程预算软件上机实习的操作程序，参见3.2.10土建工程预算软件上机操作演示的相关内容。

4.2.3　装饰工程预算软件上机实习

4.2.3.1　实习目的

了解装饰预算软件的数据流程，掌握装饰预算软件上机操作的方法和步骤，学会使用装饰预算软件编制预算书。

4.2.3.2　实例资料

工程名称：大堂装修

编制说明：本工程预算是依据甲方提供的施工图及施工要求，依据福建省装饰定额计算工程量；取费按福建省装饰费用；材料信息价依据福州2001年12月装饰材料信息价及福州地区市场价计算。

定额工程量清单见表4-6。

大堂装修定额工程量清单表　　　　表4-6

定额名称	单位	工程量	定额名称	单位	工程量
20mm混凝土或硬基层面水泥砂浆找平层	m²	50	柱面粘贴20mm人造石板材(水泥砂浆粘贴)	m²	25
复杂拼花楼地面人造大理石板(贴剂结合层)	m²	50	水泥砂浆(顶棚混凝土面)	m²	50
混凝土墙面 内墙面、墙裙石灰砂浆普通抹灰	m²	100	方木龙骨吊在混凝土板下或梁下(不造型)	m²	45
铝骨架铝塑复合板墙面(带骨架)	m²	100	顶棚面(粘毡、毯)粘绒毯,不造型	m²	45

4.2.3.3　上机内容及步骤

装饰工程预算软件上机实习内容与步骤如下：

（1）工程信息输入。

（2）工程量输入。

（3）未计价材料的输入。

（4）费用表取费项目和费率的增减数据审查及报表打印输出。

（5）软件数据维护。

4.2.3.4　操作程序

装饰工程预算软件上机实习的操作程序，参见3.3.9装饰工程预算软件上机操作演示的相关内容。

4.2.4 安装工程预算软件上机实习

4.2.4.1 实习目的

了解安装预算软件的数据流程，掌握安装预算软件上机操作的方法和步骤，学会使用安装预算软件编制预算书。

4.2.4.2 实例资料

工程名称：公务员 B99 型住宅水电

编制说明：本工程预算是依据甲方提供的施工图，依据《全国统一安装定额》计算工程量；取费按《全国统一安装定额广西费用》，取费级别为省二级施工企业；材料市场价按当地造价管理部门发布的最新市场价计算。

定额工程量清单见表 4-7。

公务员 B99 型住宅水电定额工程量清单表　　　　　表 4-7

定　额　名　称	单　位	工程量	定　额　名　称	单　位	工程量
一、给排水 采暖 煤气工程			排水栓安装 带存水弯 50	10 组	2.100
室内管道（镀锌钢管螺纹连接）$DN50$	10m	2.900	地漏安装 口径 50	10 个	4.200
室内管道（镀锌钢管螺纹连接）$DN25$	10m	56.800	室内管道支架制作（一般管架）	t	0.010
室内管道（镀锌钢管螺纹连接）$DN20$	10m	8.600	室内管道支架安装（一般管架）	t	0.010
室内管道（镀锌钢管螺纹连接）$DN15$	10m	30.400	支架刷红丹防锈漆第一遍	100kg	0.100
室内承插塑料排水管安装 $DN150$	10m	4.260	支架刷红丹防锈漆第二遍	100kg	0.100
室内承插塑料排水管安装 $DN100$	10m	33.300	支架刷银粉漆第一遍	100kg	0.100
室内承插塑料排水管安装 $DN50$	10m	35.200	支架刷银粉漆第二遍	100kg	0.100
雨水塑料管安装 $DN100$	10m	11.940	淋浴器组成安装 钢管组成（冷水）	10 组	2.100
塑料雨水斗（$DN100$）	个	5.000	手提式灭火器 MF4	具	32.000
塑料大小头（$DN100 \times 50$）	个	5.000	土方	m³	23.000
塑料伸缩节（$DN100$）	个	20.000	高层建筑增加费 $R = R17\% 11\% J = J17\% 89\%$		
塑料弯头（$DN150$）	个	5.000	脚手架搭拆费 $R = R8\% 25\% C = C8\% 75\%$		
螺纹水表组成与安装 $DN25$	个	21.000	附材费调整 $C = C1.19$	独立费	
截止阀安装（螺纹阀）$DN50$	个	3.0000	附材费调整 $C = C0.92$	独立费	
截止阀安装（螺纹阀）$DN15$	个	63.000	机械台班费调整 $J = J2.38$		
水龙头安装 $DN15$	10 个	4.200	二、电气设备安装工程		
浴盆安装（冷热水）	10 组	2.100	小型配电箱安装 XRM6-308	个	1.000
洗脸盆安装（普通冷水嘴）	10 组	4.200	小型配电箱安装 XRM6-315	个	1.000
大便器安装 坐式钢管镶接	10 组	2.100	小型配电箱安装 XRM6-205	个	21.000
大便器安装 蹲式手押阀冲洗	10 组	2.100	小型配电箱安装 XRM6-240	个	21.000
			电话分线箱	个	1.000
			接线盒带盖 $170 \times 220 \times 100$	10 个	3.500

续表

定额名称	单位	工程量	定额名称	单位	工程量
二分支器	个	7.000	管内穿线（照明线路）BLV-4	100M线	27.850
一分支器	个	7.000	管内穿线（动力线路）BLV-6	100M线	3.590
四分支器	个	21.000	管内穿线（动力线路）BLV-10	100M线	7.200
座灯头安装 座灯头 40W	10套	14.400	电话线 HJY-3×2×0.5	100M线	7.210
荧光灯 YG1-1 40W	10套	10.500	电视线 SYV-75-5	100M线	8.280
电铃安装 AP 146YML	套	21.000	电视线 SYV-75-5	100M线	0.500
一位暗开关 RL-86K11-10A	10套	8.100	接线盒安装带盖 86×86	10个	4.200
二位暗开关 RL-86K21-10A	10套	6.300	插座、开头盒	10套	127.000
三位暗开关 RL-86K3-10A	10套	4.200	硬塑料管 DN80	100m	0.080
单联双控暗开关 RL-86K12-10A	10套	4.200	电缆敷设 VV-22 4×70	100m	0.150
门铃暗开关 RL-86KL1-6A	10套	2.100	户内干包电力电缆终端头 70	个	1.000
暗插座安装 RL-86Z223A10	10套	42.000	电视线 SYV-75-12	100M线	0.300
暗插座安装 8612TA-10	10套	6.300	避雷网安装 直径 12	10m	13.500
暗插座安装 86Z13A-16	10套	10.500	水平接地线（利用金属构件）	10m	27.600
安装话机插座 RL-86ZZ2DTN6-2	个	84.000	户外接地母线敷设 扁钢 40×5	10m	5.000
电视插座 RL-86ZTV-11	个	105.000	避雷引下线敷设（利用金属构件）	10m	33.60
阻燃塑料管 DN16	100m	28.990	接地跨接线安装 接地跨接线	10处	0.600
阻燃塑料管 DN20	100m	16.000	接地装置调试（接地网）	系统	1.000
阻燃塑料管 DN25	100m	4.080	送配电设备系统调试 交流供电 1kV	系统	1.000
阻燃塑料管 DN32	100m	0.300			
管内穿线（照明线路）BLV-2.5	100M线	69.760			

4.2.4.3 上机内容及步骤

安装工程预算软件上机实习内容与步骤如下：

（1）工程信息输入。
（2）工程量输入。
（3）未计价材料的输入。
（4）费用表取费项目和费率的增减数据审查及报表打印输出。
（5）软件数据维护。

4.2.4.4 操作程序

安装工程预算软件上机实习的操作程序，参见 3.4.10 安装工程预算软件上机操作演示的相关内容。

4.2.5 工程量自动计算软件上机实习

4.2.5.1 实习目的

掌握图形工程量计算软件上机操作的方法和步骤，学会使用计算工程量软件，脱离手工计算的方式。

4.2.5.2 实例资料。
参见附录二的相关内容。

4.2.5.3 上机内容及步骤

（1）建立档案

输入工程的名称、选择混凝土所用的砾石或碎石、施工所用的卷扬机或塔吊等。

（2）定义楼层

定义本工程楼层情况，在输入楼层的名称时应按窗口提示的要求输入。

（3）定义轴网

依据施工图的轴网，按软件的定义的要求定义轴网。轴网定义完成后，一定要对照施工图检查轴网是否正确，若轴网错误，计算结果必错。

（4）定义构件

根据本工程的实际，定义本工程构件以及它们应套的定额。

（5）定义构件的参数并画图

应每定义一种构件的参数，就画出它们相应的图形。定义构件的参数、画图的顺序应为：先画建筑图、再画结构图。画图过程中，应灵活运用使用各画图按钮以加快画图的速度。施工图中若有的地方不宜画图或画图不方便，应使用变量或表达式。画完图后，点击查看按钮来检查所定义的参数是否正确。

（6）计算并传送工程量

点击计算按钮，电脑会自动完成计算过程并产生相应的计算书。通过预算软件的工程量接口功能，可接收本工程量自动计算软件计算出来的定额工程量。

4.2.5.4 操作程序

参见附录二的相关内容。

附录一 工程量清单综合报价系统

(易达"清单大师"工程量清单计价软件广西版简介)

工程量清单综合报价系统,用于编制标底、招标文件、投标书、工程付款及结算、预结算审查。

工程量清单综合报价系统,是一个使用方便、功能强大的综合报价生成工具,该工具能够方便用户生成实物工程量清单,具有分析计算工程量清单项目综合价格功能,方便招标投标过程操作,方便造价管理部门及时积累综合价格指标数据,方便用户接收和储存各类材料设备价格信息,同时还可以利用及处理传统定额数据,使用户由传统的定额单价计价模式逐步向综合价格计价模式过渡。

全国各地的工程量清单综合报价系统的功能和操作方法大致相同。本附录以广西工程量清单计价软件为例,简介工程量清单综合报价系统的上机操作过程。

一、台账管理

进入综合报价软件系统后,屏幕首先显示"台账管理"窗口,如附图1-1所示。在"台账管理"窗口可以建立一个新的预算或选择打开某个预算。每个预算都有唯一的代号和名称,以便系统识别和管理。

1. 新建

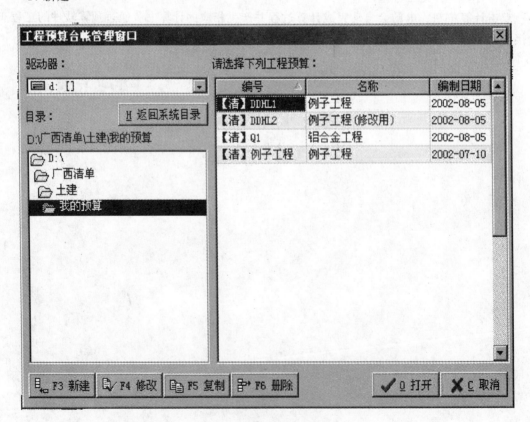

附图1-1 台账管理窗口

点取［新建］按钮，弹出一新建工程项目窗口，如附图1-2所示，输入相关的工程信息，其中"工程代号"和"工程名称"必须输入，且工程代号必须惟一，新建预算完成，系统直接打开文件，进入工程数据的处理过程。

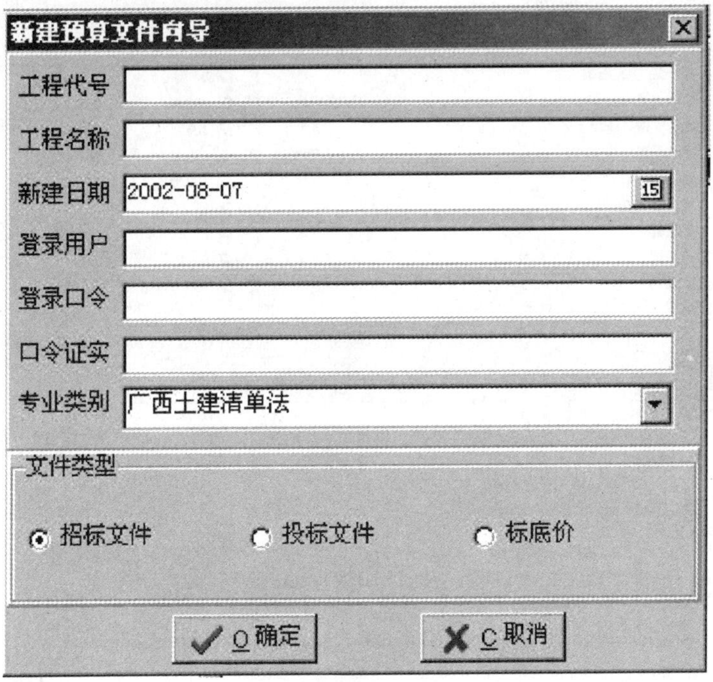

附图1-2 新建文件窗口

2．打开

选择要打开的工程项目（或预算），然后用鼠标左键单击［打开］按钮，系统即打开该工程项目（或预算），进入系统主窗口。

3．主窗口

系统主窗口主要由窗口标题、下拉菜单、工具条、页标签、数据录入区、功能按钮、状态条等组成，如附图1-3所示。

（1）主窗口界面说明

1）菜单。包括系统主界面的下拉菜单和数据录入区的弹出式菜单，在设有菜单的数据录入区双击鼠标，表格右边会显示一小按钮，单击按钮打开弹出式菜单。

2）工具条。工具条包含一组功能按钮，方便用户以快捷方式打开相应的窗口，其功能按钮在下拉菜单中都能找到相应的菜单项。

3）数据录入区。数据录入区位于系统主窗口中央部分，以页的形式分为基本信息、工程量清单、工料机分析、措施项目费、独立费、计日费、暂定金额、总价汇总表、网站浏览和记事本十个页面，录入不同数据时需要切换到相应的页，每页都有相关的功能按钮，进行具体的操作。

4）功能按钮。即数据录入区中完成相应功能的按钮，用鼠标左键单击来执行相关的操作。

5）状态条。状态条位于系统主窗口最底端，显示工作状态、当前报价规则等信息。

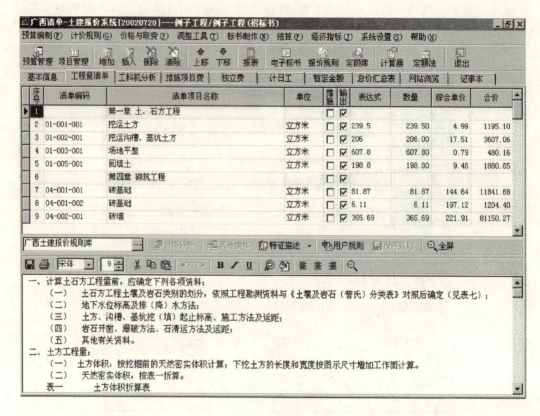

附图1-3 系统主窗口

(2) 功能按钮说明

1) 预算管理。用来建立新的预算文件或选择打开已有预算文件，可以对预算文件进行复制、修改名称、导出等管理。

2) 项目管理。方便用户对项目预算进行管理，可以生成各项目的预算汇总表。

3) 增加、插入、删除、清除、上移、下移。该组功能键对应于各输入页面，用来进行记录的增加、插入、删除、清除、上移、下移等操作，光标聚焦到哪个窗口，就对哪个窗口产生作用。

4) 报表。生成各种报表，用户可以设计、打印输出各报表。

5) 电子标书。生成招标或投标电子标书，导出发放或投标。

6) 报价规则。按工程量清单计价的规则选择。

7) 定额库。存放定额数据库。

8) 计算器。用于简易的数值计算。

9) 定额法。按传统定额计价规则报价。

10) 退出。

二、一般操作顺序

1. 在[台账管理]功能里"新建"一个新的预算文件或"打开"一个预算文件，返回综合报价软件系统主窗口。

2. 在"数据输入窗口"输入当前预算的基本信息、工程量清单、材料市场价格、措施项目费项目、工程清单总价表。

3．发出［计算］命令，由电脑对输入数据进行处理。

4．在"数据输出窗口"查阅、打印各种输出表格。

三、主要操作步骤

1．输入工程量

点击"工程量清单"页标签，进入工程量清单和定额输入页面。对于清单计价工程，如附图1-4所示，页面窗口分为上、下两部分。上半部分是工程量清单输入窗口；下半部分是当前工程量清单对应的工作内容，即组成清单的定额。对于定额计价的工程，该页面只有定额输入窗口，如附图1-5所示。

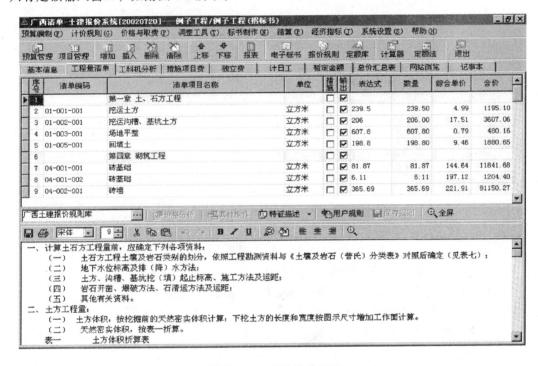

附图1-4 工程量清单页面

在工程量页面的数据输入中，一般通过下列过程，形成清单综合价格数据。

（1）输入工程量清单代号，或使用报价规则工程量清单列表选择输入工程量清单。

（2）输入工程量表达式，一般先输入完所有清单再逐条输入定额。

（3）设置是否自动生成特征描述，对应工作内容输入消耗量定额代号，或用指引选择消耗量定额代号，没有消耗量定额的工作可以直接输入人、材、机单价或材料组成含量。

（4）输入定额工程量。

（5）对消耗量定额进行必要的换算调整。

（6）材料分析，输入材料市场价格。

（7）计算综合单价，可以直接使用计算汇总功能。

至此，就完成工程量清单输入及综合单价的生成工作。用户可以使用保存规则的功能，将上述工程量清单及综合报价保存起来，方便将来直接调用。

2．工程量清单输入方法

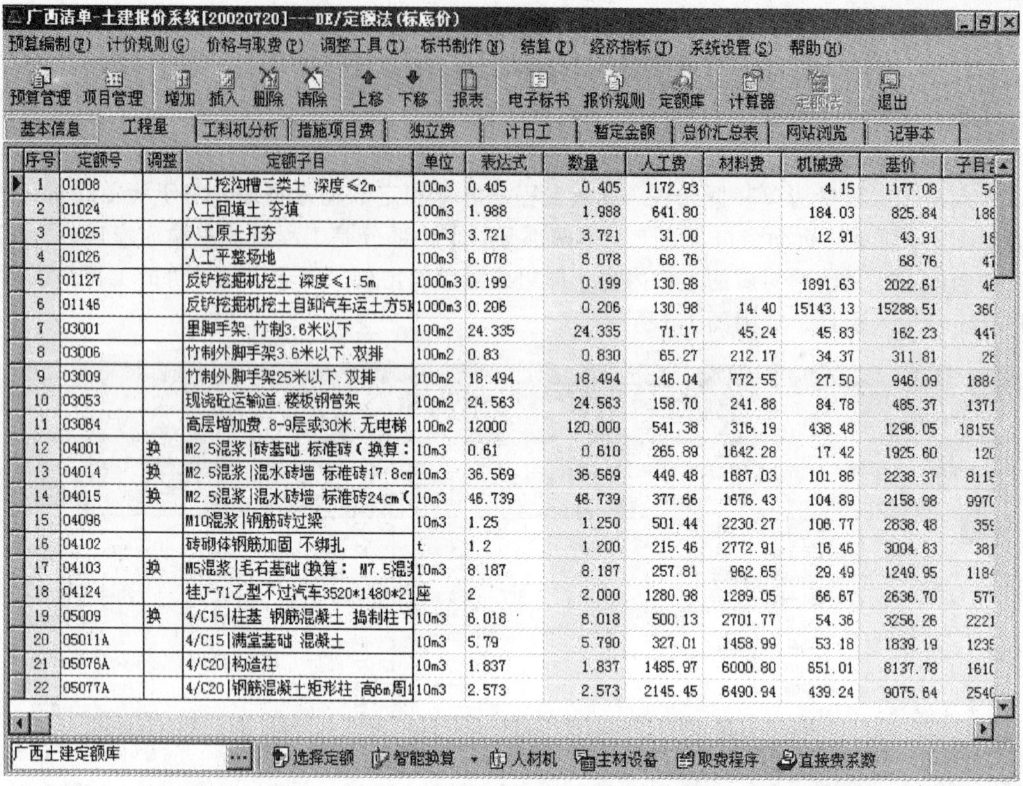

序号	定额号	调整	定额子目	单位	表达式	数量	人工费	材料费	机械费	基价	子目合
1	01008		人工挖沟槽三类土 深度≤2m	100m3	0.405	0.405	1172.93		4.15	1177.08	54
2	01024		人工回填土 夯填	100m3	1.988	1.988	641.80		184.03	825.84	188
3	01025		人工原土打夯	100m3	3.721	3.721	31.00		12.91	43.91	18
4	01026		人工平整场地	100m3	6.078	6.078	68.76			68.76	47
5	01127		反铲挖掘机挖土 深度≤1.5m	1000m3	0.199	0.199	130.98		1891.63	2022.61	46
6	01146		反铲挖掘机挖土自卸汽车运土方5k	1000m3	0.206	0.206	130.98	14.40	15143.13	15288.51	360
7	03001		里脚手架.竹制3.6米以下	100m2	24.335	24.335	71.17	45.24	45.83	162.23	447
8	03006		竹制外脚手架3.6米以下.双排	100m2	0.83	0.830	65.27	212.17	34.37	311.81	28
9	03009		竹制外脚手架25米以下.双排	100m2	18.494	18.494	146.04	772.55	27.50	946.09	1884
10	03053		现浇砼运输道.楼板钢管架	100m2	24.563	24.563	158.70	241.88	84.78	485.37	1371
11	03064		高层增加费.8-9层或30米.无电梯	100m2	12000	120.000	541.38	316.19	438.48	1296.05	18155
12	04001	换	M2.5混浆|砖基础.标准砖(换算:	10m3	0.61	0.610	265.89	1642.28	17.42	1925.60	120
13	04014	换	M2.5混浆|混水砖墙 标准砖17.8cm	10m3	36.569	36.569	449.48	1687.03	101.86	2238.37	8115
14	04015	换	M2.5混浆|混水砖墙 标准砖24cm(	10m3	46.739	46.739	377.66	1676.43	104.89	2158.98	9970
15	04096		M10混浆|钢筋砖过梁	10m3	1.25	1.250	501.44	2230.27	106.77	2838.48	359
16	04102		砖砌体钢筋加固 不绑扎	t	1.2	1.200	215.46	2772.91	16.46	3004.83	381
17	04103	换	M5混浆|毛石基础(换算: M7.5混浆	10m3	8.187	8.187	257.81	962.65	29.49	1249.95	1184
18	04124		桂J-71乙型不过汽车3520*1480*21	座	2	2.000	1280.98	1289.05	66.67	2636.70	577
19	05009	换	4/C15|柱基 钢筋混凝土 捣制柱下	10m3	6.018	6.018	500.13	2701.77	54.36	3256.26	2221
20	05011A		4/C15|满堂基础 混凝土	10m3	5.79	5.790	327.01	1458.99	53.18	1839.19	1235
21	05076A		4/C20|构造柱	10m3	1.837	1.837	1485.97	6000.80	651.01	8137.78	1610
22	05077A		4/C20|钢筋混凝土矩形柱 高6m周1	10m3	2.573	2.573	2145.45	6490.94	439.24	9075.64	2540

附图 1-5 定额工程量输入窗口

（1）可以直接输入工程量清单编号。

（2）可以使用清单方式录入，用鼠标双击清单编号栏的右边，可以打开报价规则的工程量清单目录，选择工程量清单。

（3）可以使用［增加］按钮，选择输入系统报价规则的工程量清单或用户报价规则的工程量清单。用户还可以输入标题或空行。

用户输入工程量清单编号后，敲回车键，光标自动定位到［表达式］栏，用户可以直接输入工程量数据或算术表达式。点击表达式栏右边，可以打开表达式编辑窗口。

对于每个工程量清单，可以在［输出］栏选择“输出”或“不输出”，如果您选择了“不输出”（即输出栏没有√），则工程量清单项目将不参加汇总计算。系统默认所有清单项目均为输出项目。

［措施］栏的选择，用户可以设置清单项目是措施性项目，其费用在单价分析时，归到措施性费用，方法是点击“措施”栏打√，即表示该项目是措施性项目。软件将单价分类到措施性费用，可以分析出实体性消耗费用和措施性费用，用于评标时分析综合单价构成。

3. 定额的输入

定额输入的 4 种基本方式：

（1）直接输入方式。鼠标点取某工作内容，点按 F11 键，会在当前工作内容下插入一记录；在［定额号］栏直接输入定额编号，回车，输入工程量，回车，依此循环输入；

（2）计价指引方式。用鼠标点击［选择指引］，打开“选择计价指引”窗口，见附图

1-6；可以很直观的根据计价指引，选择"可能组合工作内容"定额，点击［增加］、［插入］、［替换］即完成该定额的相应输入；也可以直接拖拉定额到输入窗口：用鼠标选择相应定额，按住鼠标左键将其拖动到定额输入窗口释放。

附图1-6　计价指引窗口

(3) 定额清单输入方式。用鼠标点击［定额号］右边小按钮，或［选择指引］下拉的［选择定额］，可以打开定额选择窗口。

(4) 可从所有定额中选择相应定额，而且点击"定额库文件"右侧小按钮，还可以调用其他专业的定额库，在此窗口中可以用鼠标右键进行多选，见附图1-7。

4. 直接调用用户报价规则

用户规则使用操作如下：

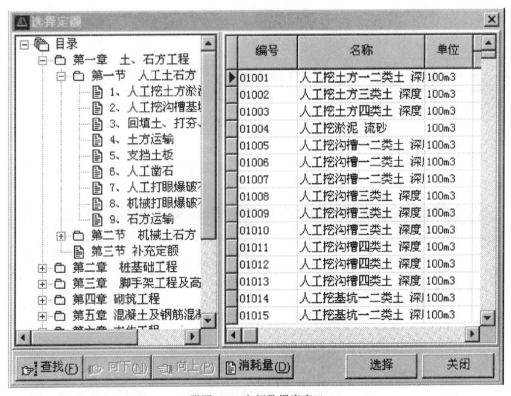

附图1-7　定额数据库窗口

在"工程量清单输入窗口"见附图1-5,在［编号］栏输入工程量清单编号,点击［用户规则］,打开"选择用户报价规则"窗口,如附图1-8,直接点击"用户报价规则"的相应子目,即完成该工程量清单的所有数据输入。

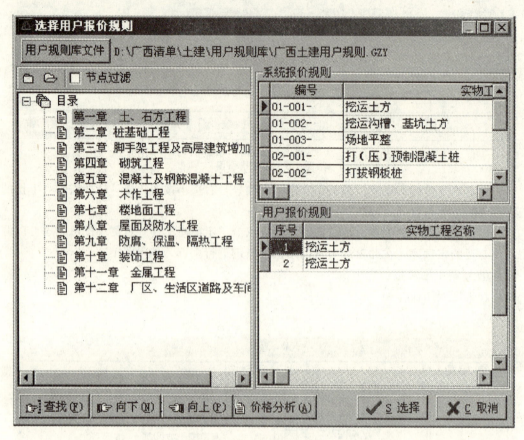

附图1-8 用户报价规则的选择界面

5. 主材设备输入

如果定额中含有主材或设备,则在输入定额及工程量数据后,系统自动打开窗口底部的主材录入窗口,用户也可以点取功能按钮［主材设备］打开主材设备输入窗口,如附图1-9。

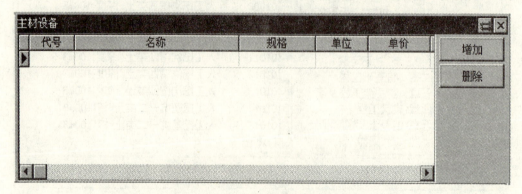

附图1-9 主材设备输入窗口

可以对当前定额,自行增加和删除主材或设备,其主材项目,用户可以自行补充,作为主材的材料可以不包含在定额材料库中。

(1)增加主材设备。点按[增加],打开人材机编辑窗口,如附图1-10。

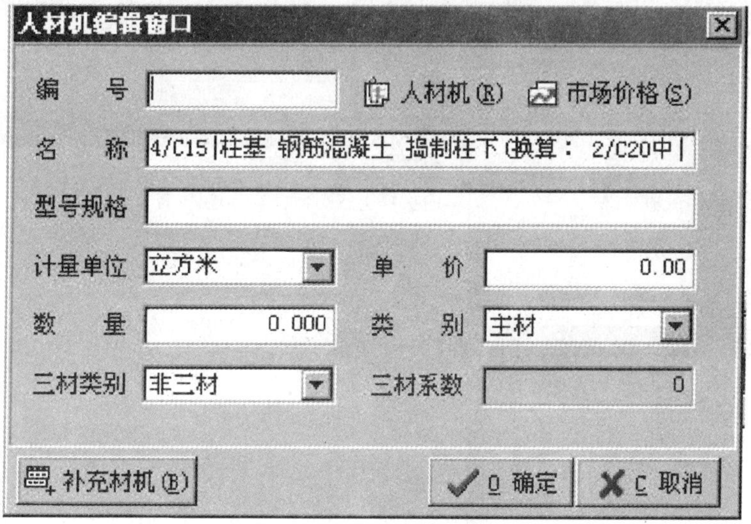

附图1-10　人材机编辑窗口

如果是系统定额材料,可以直接输入材料代码,也可以点[人材机],从人材机库中选取,也可以点[市场价格],从市场价格信息文件里选择。

对于系统库不存在的主材或设备,用户可以在数据录入表格中直接输入,材料代号可以不输入,表格中名称、单价和数量都不能为空。点击[确定],完成主材设备输入。

(2)补充材料。如果用户要将自己所补充的材料,补充到系统库,备以后使用,则点击[补充材机],按系统提示将材料补充到材料库。

6.取费程序

在定额窗口的[取费程序],主要用来对个别定额进行单独取费设置之用。

个别设置取费程序:在定额输入窗口,选取要设置的定额,点按右下角[取费程序],打开取费窗口,如附图1-11。在该窗口一般会看到统一设置的取费,若没有统一设置,该窗口为空。

点按[取费管理],打开"取费文件管理窗口",如附图1-12,选取取费文件,点击

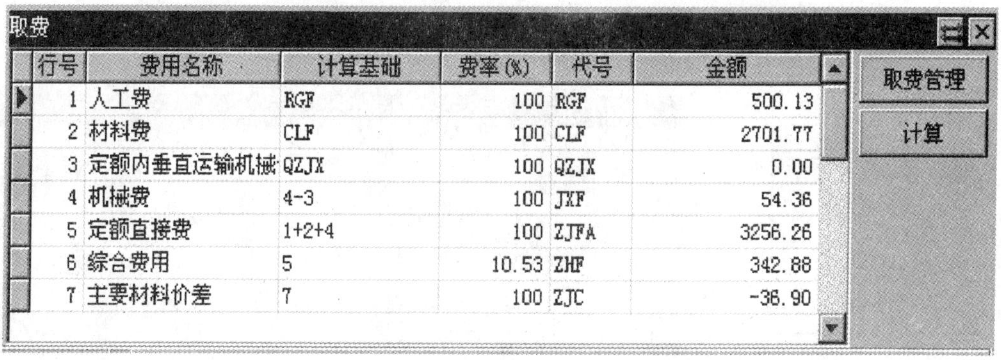

行号	费用名称	计算基础	费率(%)	代号	金额
1	人工费	RGF	100	RGF	500.13
2	材料费	CLF	100	CLF	2701.77
3	定额内垂直运输机械	QZJX	100	QZJX	0.00
4	机械费	4-3	100	JXF	54.36
5	定额直接费	1+2+4	100	ZJFA	3256.26
6	综合费用	5	10.53	ZHF	342.88
7	主要材料价差	7	100	ZJC	-36.90

附图1-11　取费管理窗口

"打开",回到取费窗口;还可以对选取的文件进行修改;点击"计算"可以查看当前定额的各项计算金额;关闭窗口,取费设定完毕。

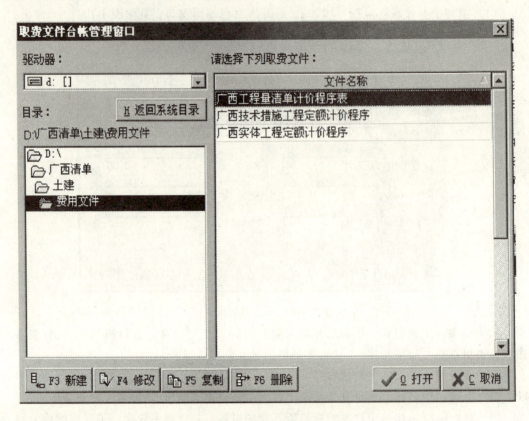

附图1-12 取费文件管理窗口

7. 智能换算与调整

如果需要对某一定额进行调整,如进行材料换算、扩充定额(即多个定额相加减)、定额组成或含量调整、系数调整等,可以使用[智能换算]及旁边菜单中功能,进行各种调整。见附图1-13。

(1)智能换算。对存在定额附注的定额子目,均可以用[智能换算]快速实现调整。例如:子目01027人工运土方运距20m以内,若是实际运距是100m,点按[智能换算],在弹出窗口,输入实际运距,系统会自动进行调整,见附图1-14。

附图1-13 智能换算菜单

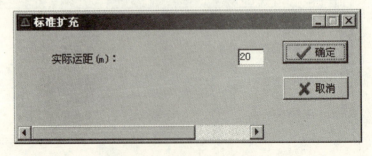

附图1-14 智能换算对话框

(2) 系数调整。系数调整是分别对人工、材料或机械乘以相应的系数，也可以对整个定额单价调整（即乘以子目系数）。

可以直接在"定额号"处输入，如01027定额子目乘系数2：输入01027＊2，（注意运算符号与定额号之间用空格隔开），回车即完成调整；若为人工乘系数2：则输入01027r＊2。人工代号为r，材料为c、机械为j。

可以用［计价指引］旁下拉菜单［乘系数］，在弹出窗口，如附图1-15，直接输入系数。在调整栏，分别输入调整值。系统默认都为1，即该定额不作系数调整。

单击按钮［置系数1］将重新设置所有系数都为1。

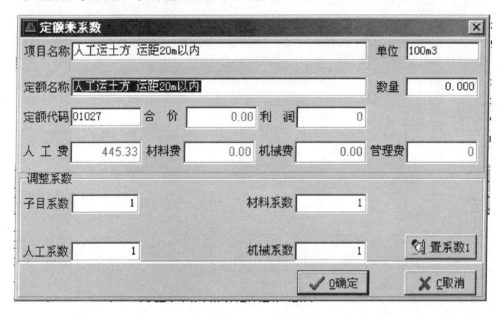

附图1-15 系数调整窗口

(3) 材料换算。材料换算是对该定额的某种组成材料按比例进行换算。点［人材机］打开当前定额人材机窗口，如附图1-16，按相应的功能按钮即可实现材料的换算。

8. 定额与人材机查询

附图1-16 定额人材机窗口

当用户在输入定额或人材机时，点击相关的查询按钮或菜单项，可以打开定额查询窗口或人材机查询窗口，在查询窗口中选取查询记录，单击［确定］按钮，则返回当前查询记录的相关数据。

9. 材料分析，输入材料市场价格及输出设置

用鼠标点按“工料机分析”页标签，进入材料分析及材料市场价格画面，如附图1-17。

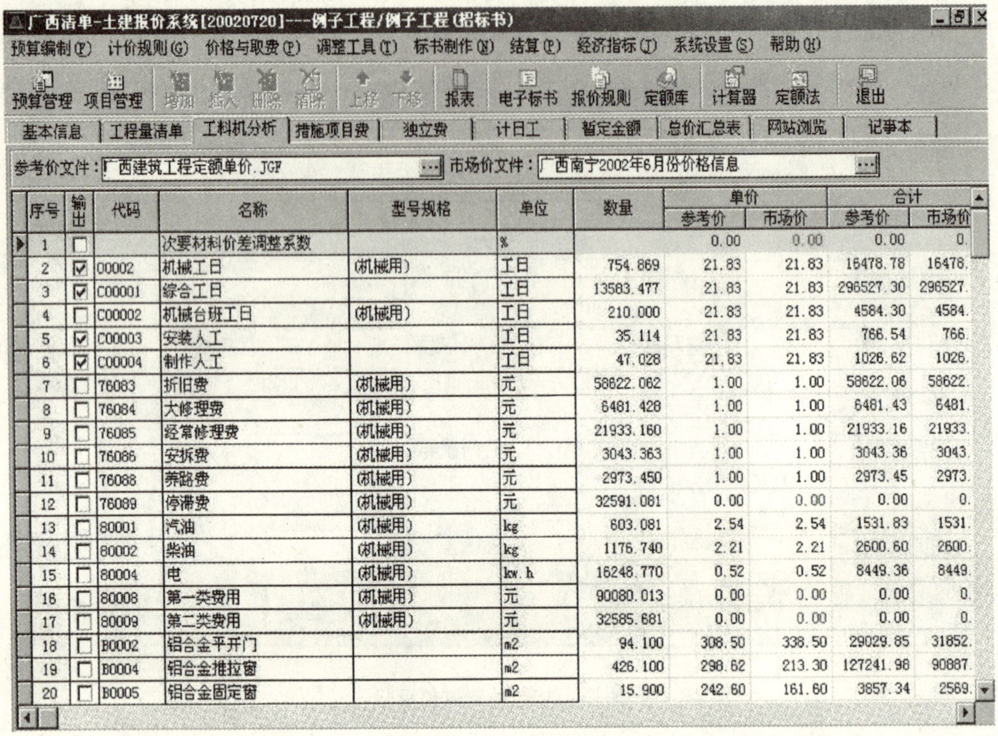

序号	输出	代码	名称	型号规格	单位	数量	单价		合计	
							参考价	市场价	参考价	市场价
1			次要材料价差调整系数		%		0.00	0.00	0.00	0.
2	√	00002	机械工日	(机械用)	工日	754.869	21.83	21.83	16478.78	16478.
3	√	C00001	综合工日		工日	13583.477	21.83	21.83	296527.30	296527.
4		C00002	机械台班工日	(机械用)	工日	210.000	21.83	21.83	4584.30	4584.
5	√	C00003	安装人工		工日	35.114	21.83	21.83	766.54	766.
6	√	C00004	制作人工		工日	47.028	21.83	21.83	1026.62	1026.
7		76083	折旧费	(机械用)	元	58822.062	1.00	1.00	58622.06	58622.
8		76084	大修理费	(机械用)	元	6481.428	1.00	1.00	6481.43	6481.
9		76085	经常修理费	(机械用)	元	21933.160	1.00	1.00	21933.16	21933.
10		76086	安拆费	(机械用)	元	3043.363	1.00	1.00	3043.36	3043.
11		76088	养路费	(机械用)	元	2973.450	1.00	1.00	2973.45	2973.
12		76089	停滞费	(机械用)	元	32591.081	0.00	0.00	0.00	0.
13		80001	汽油	(机械用)	kg	603.081	2.54	2.54	1531.83	1531.
14		80002	柴油	(机械用)	kg	1176.740	2.21	2.21	2600.60	2600.
15		80004	电	(机械用)	kw.h	16248.770	0.52	0.52	8449.36	8449.
16		80008	第一类费用	(机械用)	元	90080.013	0.00	0.00	0.00	0.
17		80009	第二类费用	(机械用)	元	32585.681	0.00	0.00	0.00	0.
18		B0002	铝合金平开门		m2	94.100	308.50	338.50	29029.85	31852.
19		B0004	铝合金推拉窗		m2	426.100	298.62	213.30	127241.98	90887.
20		B0005	铝合金固定窗		m2	15.900	242.60	161.60	3857.34	2569.

附图 1-17　工料机分析窗口

（注：对于有主材的专业，如安装、装饰、园林绿化等专业，本页标签名称为“辅材价格”。）

用户可以直接输入或修改每项材料的市场价格；选择［市场价文件］菜单按钮，用户可以选择某个价格信息文件中的价格作为市场价格；选择［参考价文件］菜单按钮，用户可以选择某个价格信息文件中的价格作为作为参考价格。

只有市场价格参加综合单价计算，参考价格不参加综合单价计算，仅提供与市场价格的对比。

10. 总价汇总表

用鼠标点按“总价汇总表”页标签，进入取费程序画面，如附图1-18。

该页面提供了计费输入的界面，在这里可以套用“取费文件”进行费用的输入，也可以直接输入或修改各项费用。可以把编辑的费用文件“另存取费模板”，方便以后套用。

费用输入后，点击“取费分析”可以运算当前取费表，对当前取费进行校核。

11. 取费输入

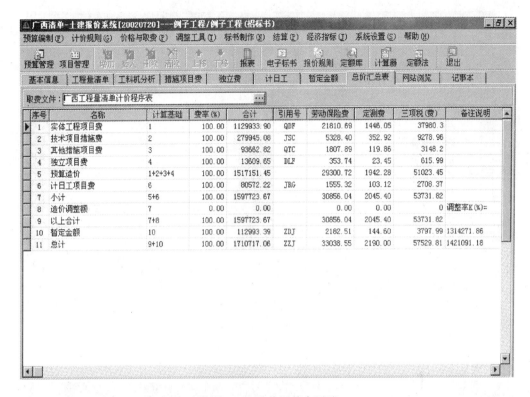

附图 1-18　总价汇总表页面

（1）费用名称的输入。

（2）计算基础输入。计算基础是指得出该项计算结果的表达式，取费表的计算基数表达式，可以输入任何算术表达式，即允许在基数表达式中输入"＋、-、＊、／、(、)"等算术符号。

12．取费项目编辑

编辑取费项目，点取主菜单［取费文件编辑］，选取取费文件，点击［打开］，则打开取费项目编辑窗口进行取费项目的编辑，如附图 1-19。

13．保存取费文件

保存取费文件，在自定义取费表之后，将刚输入的文件保存起来，以供在以后的编制预算取费时调用。也可将取费文件另存，如附图 1-20 所示，选择取费文件后，按［另存］即可。

14．报表的输出

所有数据录入完成之后，即可进行报表输出。点击"报表"快捷键，可以直接快速的进入报表管理器，如附图 1-21。在窗口上部，有主菜单栏、工具按钮；窗口左边，是报表目录；窗口右边，是当前节点报表的预览窗口。用户可以利用工具条对报表进行任意定义。

数据输出分招标、投标、标底价三个状态的报表，用户可根据需要，在附图 1-2 中的［基本信息］窗口设置。

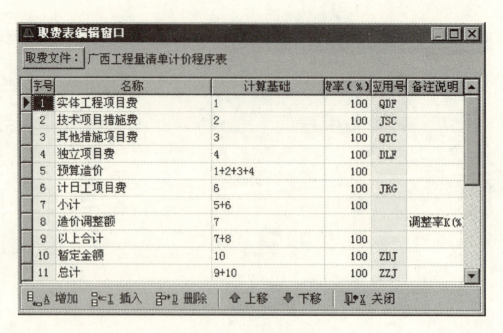

附图 1-19 取费表编辑窗口

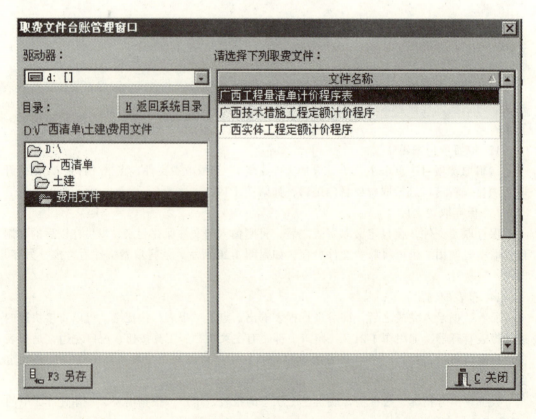

附图 1-20 保存取费文件窗口

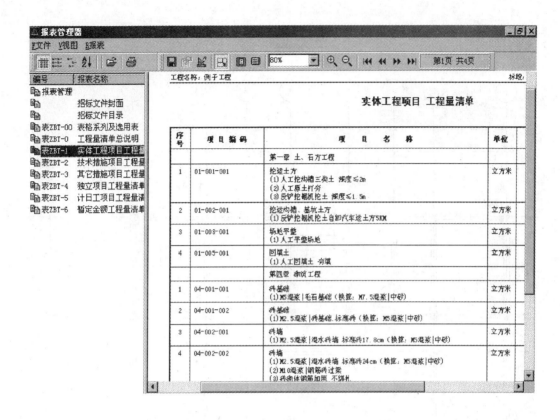

附图 1-21　报表管理器

附录二　工程量自动计算软件

（广西博奥工程量自动计算软件简介）

一、实例资料

某教学例子工程第二层平面图，见附图 2-1。

二、工作流程

建立档案 → 定义楼层 → 定义轴网 → 定义构件→ 定义构件参数并画图 →工程量计算（自动套用定额和生成工程量）→ 预算软件接收计算结果

三、操作程序

1. 建立工程档案

打开软件，在档案管理窗口中点击"新建"，出现如附图 2-2 的界面，输入工程号、工程名称以及工程有关信息，点击"存盘"退出，返回档案管理窗口。

工程号仅能输入数字、字母和汉字，其他符号不能输入；工程名称可以由任意字符组成。如本实例的工程号是"001"，工程名称是"教学例子工程"。

2. 定义楼层

在档案管理窗口中，双击"教学例子工程"，再点击按钮 进入图形工程量输入界面,如附图 2-3,点击"定义楼层"按钮 弹出如附图 2-4 对话框,参照"说明",在"楼层,相同层"中分别输入如下参数:

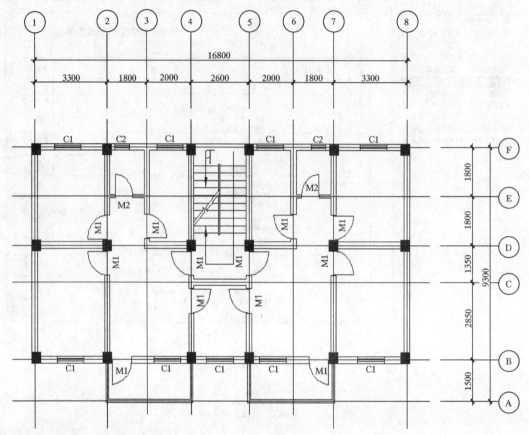

附图 2-1 第二层平面图

附图 2-2 新建工程界面

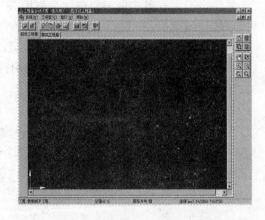

附图 2-3 图形工程量输入界面

"0*,1"表示基础层,相同层有 1 层;

"1*，1"表示1层，相同层有1层；
"2-4*，3"表示2~4层，相同层有3层；
"**，1"表示屋面，相同层有1层。

输入完参数点击"确认"按钮即可，点击"清楼层"或按Ctrl+Y键即可删除光标所在楼层（注意：将连同楼层中所有构件一起删除），按Ctrl+N键插入楼层。

附图2-4 定义楼层对话框

3．定义轴网

（1）正交轴网参数定义

点击"定义主轴"按钮 ▦ 弹出如附图2-5对话框，输入原点坐标以确定原点位置，如本实例输入"2000，2000"。根据图纸从左到右，在"上轴"输入"1，3300，2，1800，3，2000，4，2600，5，2000，6，1800，7，3300，8"；从下到上，在"右轴"输入"A，1500，B，2850，C，1350，D，1800，E，1800，F"。各轴内容可通过复制加快建轴速度，如下轴与上轴的数据一样时可直接复制上轴数据。按钮"新建"，用于建立另一个新轴线；点击"删除"按钮，则删除当前轴线。

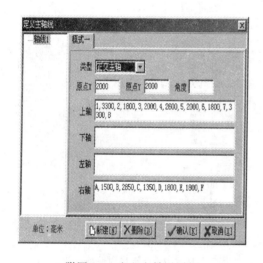

附图2-5 定义主轴对话框

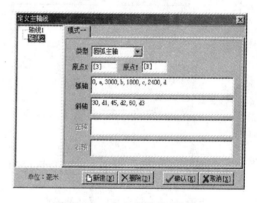

附图2-6 定义主轴线对话框

（2）弧形轴网参数定义

点击"新建"按钮建立新轴线，在"类型"里选择"圆弧主轴"，在"原点X"、"原点Y"处分别输入[3]、[B]，表示新建的轴线2的原点位于轴线1的3轴和B轴相交点。

在"弧轴"处输入弧轴号及间距"0，a，3000，b，1800，c，2400，d"，在"斜轴"输入斜轴号及夹角"30，d1，45，d2，60，d3"，如附图2-6所示。轴线参数输入完成后点击"确认"即可得如附图2-7所示的轴线图。

4．定义构件

（1）建立新构件

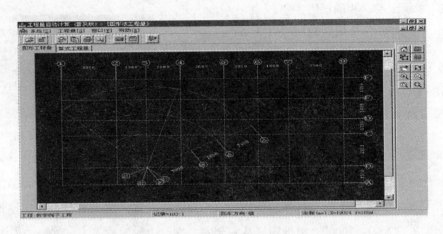

附图 2-7 轴线图

点击"定义构件"按钮 展开工具菜单,点击按钮 构 弹出图框,如附图 2-8,在附图 2-8 中点击"新建"按钮弹出图框,如附图 2-9,在"库存构件"中选择所需要的构件后点击"新构件"送出。可按住"Ctrl"键不放,用鼠标连续选择构件。

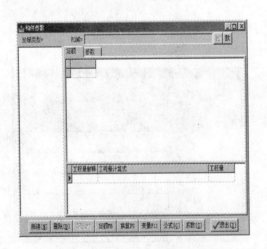

附图 2-8 构件参数输入初始界面

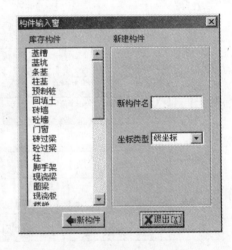

附图 2-9 新建构件输入界面

(2) 输入构件参数

在附图 2-10 中将可以看到各构件的"坐标类型"以及"扣减"情况,"坐标类型"表示该构件是线坐标或是面坐标,"扣减"表示该构件的计算规则。计算规则可以修改,修改完后回车确认即可。点击"默"按钮,则恢复系统默认的计算规则。在构件前的"图"表示构件可用图形计算,也可用算式计算;"算"表示只能在"工程量计算式"栏输入构件的工程量计算公式而不能用图形计算。在输入工程量计算公式中若一行写不完时,可用";"分隔,另起一行输入。

5. 定义构件参数并画图

(1) 画基槽

计算规则:扣基坑。它表示电脑在计算基槽工程量时,若遇到基坑,则会自动扣减基坑所占的体积。

注意事项：

1）基槽的宽度应取施工图中的垫层宽度。若需加上工作面的宽度时，应参照定额中有关工作面的规定；

2）基槽的高度 = 垫层底标高 − 室外地坪标高；

3）基槽的系数是指当挖土超过规定的深度时，应按定额考虑的放坡系数；

4）画图时可选第一层的墙体坐标进行复制、粘贴，并修改其有关参数即得所要画的基槽，达到快速画图的目的。

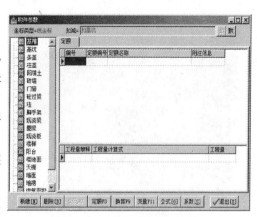

附图 2-10　构件参数输入界面

具体操作：

1）选择基槽，如附图 2-10，在"编号"里输入基槽名称"JC"，在"定额编号"里输入定额编号"01008"，也可以直接双击或点击"定额"按钮弹出图框，如附图 2-11，选择定额，点击"送出"按钮（或双击、按空格键）送出定额。

附图 2-11　索引预算库窗口

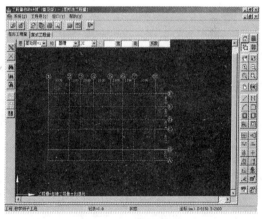

附图 2-12　画图界面

2）"编号"和"定额编号"定义完成后退出到画图界面，如附图 2-12。

在"层"字里选择所要画的楼层，在"构"字里选择所要画的构件，输入基槽参数：宽（800）、高（1200），单位为 mm，系数为放坡系数。

3）选择画图工具画图。选取"连续直线"按扭 N 绘制外围基槽，如附图 2-13 和附图 2-14。

鼠标左键点击始点，再点击另一点，可连续绘制直线段（按右键则断开）。

选取"点形/直形"按钮 ╱ 绘制内基槽较方便，也可用"连续直线"绘制。

(2) 画基坑

具体操作：

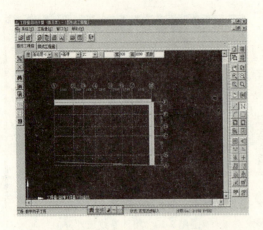 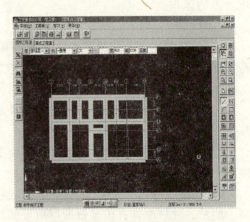

附图 2-13 绘制外围基槽界面　　　　　附图 2-14 绘制外围基槽界面

1) 在附图 2-15 中选择基坑,输入名称"JK",输入定额号"01017",点击"参数"按钮输入长(1000)、宽(1000)、高(1200),回车后自动计算出每个基坑的体积,如附图 2-15。

2) 在"构"里选择"基坑",画图时选用按钮  或 N 均可。点击基坑所在位置,软件自动捕获轴线交点并将基坑画在图上,如附图 2-16。

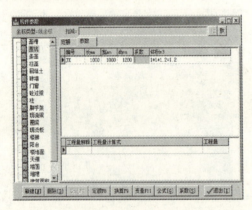 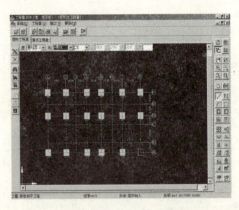

附图 2-15 构件参数设置　　　　　　　附图 2-16 画基坑界面

对于对称的图形可用操作工具"图形镜像"按钮，其操作方法是:点击"图形镜像"按钮，然后用鼠标框选需镜像的图形,再选择两个交点形成对称线,这时软件便会自动产生所框选的图形的镜像,如附图 2-17。

(3) 画条基

计算规则:扣柱基。它表示电脑在计算条基工程量时,若遇到柱基,则自动扣除柱基的体积。

注意事项:

1) 在实际工程中,条基的扣减较复杂,若所算的工程条基不用扣减柱基,可把计算规则"扣柱基"删除,这样电脑在计算条基工程量时,即使遇到柱基,也不会扣除柱基的体积。

2) 由于条基的截面一般复杂多样,在条基的截面参数中可以手工输入其截面积的计算表达式,也可打开图形库选择条基的截面图并输入相应的参数,让电脑计算其截面积。画图

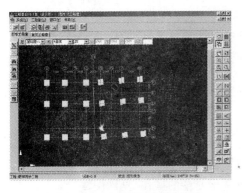

附图2-17 图形镜像结果界面

前,输入宽度(按定额计算规则的规定,宽度必须是多级条基截面图中最上一级的宽度),以便于计算条基之间的交叉扣减。

3)画图时可选第一层的墙体坐标进行复制、粘贴,并修改其有关参数即得所要画的条基,达到快速画图的目的。

具体操作:

1)选取条基,输入名称"TJ",选取定额"05004",在"参数"里输入截面积"0.5",回车确认。

2)输入条基最上一级的宽度(370),高度不用输入。

3)选用"矩形"按钮 绘制外墙的条基,见附图2-18。画内墙条基时选用按钮 或 均可,操作方法与画基槽相同。

(4)画柱基

1)注意事项:

a.柱基的体积是根据所输入的长、宽、高计算的,若柱基较复杂时也可以直接输入柱基的体积,但被条基所扣减的长、宽必须输入,以便电脑在计算条基时扣减柱基。

b.可打开图形库选择柱基的图形并输入相应的参数,让电脑计算其柱基的体积。

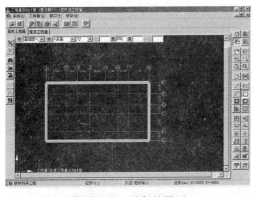

附图2-18 画条基界面

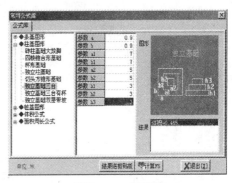

附图2-19 图形库

2)具体操作:

a.输入名称"ZJ",选取定额"05009",在"参数"里输入长(500),宽(500),高可以不输,点击"公式"按钮弹出图形库,见附图2-19。

b.在图形库中先展开柱基图形,然后选择"独立基础三台"并按照图例标注的规定依次输入参数"0.9,0.9,0.7,0.7,0.5,0.5,0.3,0.3,0.3",点击"计算"按钮得柱基的体积,再点击"结果送剪贴板"按钮,然后退出到输入体积栏按右键粘贴体积结果,回车确认。如果柱基只有二个台阶,则只需输入两个台阶参数,其他留空。

c.画柱基的操作过程与画基坑相同。

(5)计算回填土

1) 注意事项：

a. 计算回填土工程量时，不能画图计算，只能输入计算式计算。

b. 书写计算式时，一行写不完，可用";"表示续行,如不用";",每行都有小计结果。

c. 可使用变量调用其他构件图形计算的结果，使回填土的计算与构件的图形建立关联，建立关联的目的是所画的图形修改时，回填土工程量自动更新。

2) 具体操作：

a. 输入名称"HTT"，选取定额"04024"，在"工程量计算式"里输入回填土计算式。

b. 在需要变量的地方，先输入"J"，再点击"变量"按钮或按 F11 键，弹出图框，见附图 2-20，选定所需的变量，双击或按空格键送出，便完成调用变量的操作，见附图 2-21。

附图 2-20 构件变量定义界面

附图 2-21 构件变量定义界面

3) 修改错误：

画完基础层，若发现图形有部分画错，如 A 轴上的基槽画错了。则可利用操作工具进行修改。

a. 线形构件的伸缩。若所画出的构件长度不符合图纸的要求,可使用"线形单边伸缩"按钮 修改。例如,选择长度不符合图纸的要求的基槽,用鼠标左键点击基槽要伸缩的一边(若有多条基槽要伸缩时,可按住 Ctrl 可连续选定)，点击 ，则弹出对话框，见附图 2-22，输入(-1500)表示基槽将缩短 1.5m。其他线型构件的伸缩操作与基槽相同。

附图 2-22 线形单边伸缩参数输入框

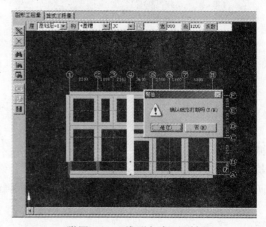

附图 2-23 线形打断对话框

b. 线型构件的截断。若所画出的构件需截断时,可以使用"线形打断"按钮 ![icon]。例如,先点击需截断的基槽,再点击两个截断点,这时出现两个红色点(两个红点之间就是需截断的范围)并出现对话框,如附图2-23,回答"是",即完成截断工作。

c. 构件的移动。例如,要把 A 轴的基槽移到 B 轴,先点击"图形移动"工具 ![icon],再用鼠标选定 A 轴的基槽,把它拖到 B 轴上即可。其他构件的移动操作与基槽类似。

(6) 画砖墙

1) 计算规则:扣门窗,扣柱,扣砖过梁,扣现浇梁,扣圈梁。它表示电脑在计算砖墙工程量时,会自动把砖墙里面的门窗、柱、砖过梁、现浇梁、圈梁扣除。

2) 注意事项:

a. 外墙、内墙最好分别定义为 WQ、NQ,便于变量的调用。不同楼层砂浆标号不相同时,也应取不同名称,如 1～3 层定义为 NQ1、WQ1,4-8 层定义为 WQ2、NQ2,以便进行定额标号换算。当然,画好 NQ1、WQ1 后,再画另一层的 NQ2、WQ2 时,可利用复制、粘贴,加快画图的速度。

b. 输入墙高度时可取层高,软件会自动扣减墙上的现浇梁、圈梁。

c. 画墙体工作量较大,应灵活运用画直线、连续直线、矩形等按钮,必要时利用复制、对称、镜像等功能按钮。

d. 若墙体有偏轴,可先按住[SHIFT]键再画墙,这时出现偏轴对话框,依据图纸输入边距数据即可。

3) 具体操作:

a. 选择"一层"画砖墙,先输入砖墙名称和定额编号,如"WQ1,04015;NQ1,04015;女儿墙,04015",再进行定额换算,点击"换算"按钮或按 F9 键弹出换算窗口,见附图2-24,在砂浆配比栏点击"索引"按钮或直接双击,弹出配比窗口,见附图2-25,选取 M7.5 混浆|中砂的标号进行换算原来的 M2.5 混浆|中砂,点击"送出"按钮送出(也可以双击或按空格键),送出后,存盘即可。

附图2-24 定额换算窗口

附图2-25 配比窗口

b. 选取砖墙并画图。选取 WQ1,输入宽(240)、高(3000),然后画外墙。选取 NQ1,输入宽(240)、高(3000),然后画内墙。在绘制卫生间的(120)内墙时,只需将宽(240)改为(120)然后画图即可,不需再重新定义 NQ2。画墙体的操作方法与画基槽相同。

(7) 画柱

1) 注意事项：

a. 不同类型的柱，如框架柱、构造柱，要采用不同的编号，如 KJZ、GZZ，标号不同的柱也应加以区别，如 KJZ1、KJZ2 等。

b. 画柱一定画要得很准确，否则影响梁、板工程量的计算，用 Shift + 单击时会出现偏移对称框，输入边距数据，即可把柱画到精确的位置。

c. 可以把已画好的本层柱复制到其他楼层，加快画图进度。

d. 基础层若有柱时，也应像其他楼层一样画柱。

2) 具体操作：

a. 输入"KJZ, 05078"，在画图界面定义截面参数，见附图 2-26。方柱需输入长、宽、高，圆柱只需输入高、半径。

附图 2-26 柱参数定义

b. 选用画图工具 ╱ 或 N，按住 Shift 键点击交点，弹出偏移对称框，见附图 2-27，输入边距即可。柱的偏移也可用"定义偏移"按钮，点击该按钮，弹出小图框，输入偏移距离，如输入 水平 ☐ 垂直 -80 旋转 ☐ 后，所画出的柱均自动向下偏移(80)。

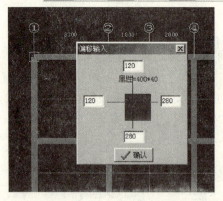

附图 2-27 偏移输入对话框

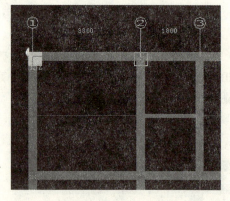

附图 2-28 图形放大界面

c. 若需放大图形，可点击放大按钮，用鼠标拖动图形以便看到需要查看的地方，见附图 2-28。

(8) 画现浇梁

1) 计算规则：扣柱。表示电脑在计算现浇梁的工程量时，若遇到柱，则自动扣除柱在梁中所占的体积。

2) 注意事项：

a. 软件默认梁、板顶面在同一水平面，即层高位置，若梁顶不在该水平面上，可在"标高"处输入相对高度，以利扣减。

b. 梁的位置必须按图纸精确画出，若梁偏移轴线时，偏移的画法与柱的偏移画法一样。

c. 画梁时，可利用背景、连续线、矩形、复制、镜像等按钮加快梁的画图速度。

3）具体操作：

a. 输入"XL, 05094"截面参数宽（240）、高（400）。

b. 点击两个交点，即可画出一条梁，如附图2-29。也可先点击背景按钮，再点击某幅墙体，软件立即可在该墙上画出整条梁。

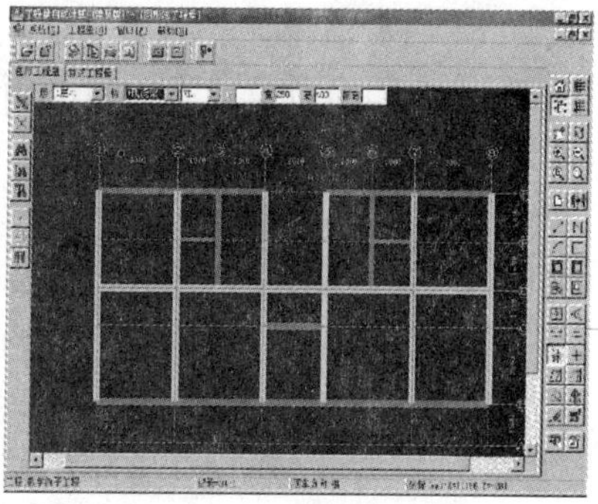

（9）画圈梁

1）计算规则：扣柱、扣混凝土过梁、扣现浇梁。表示电脑在计算圈梁的工程量时，遇到柱、混凝土过梁、现浇梁时，则扣除它们在圈梁中所占的体积。

2）具体操作：

a. 参数的输入及画图。输入"QL, 05097"，截面参数宽（240）、高（300），然后画图。圈梁的画法与画现浇梁一样。

b. 利用复制功能，加快画图进度。点击"构件复制"按钮，弹出图框，见附图2-30。"复制到楼层"是指构件在不同楼层之间的复制；"复制到构件"是指构件在同一楼层之间的复制。其操作方法是按 Ctrl 键同时选取（砖墙 WQ1、NQ1），再选择复制的目标（圈梁 QL）后，点击 即可完成复制，见附图2-31。复制得到的圈梁的属性（即宽、高）与被复制的墙体一样，应使用"属性修改"按钮 来修改圈梁属性。具体操作方法是，点击该按钮，用鼠标框选圈梁后，在截面参数处修改宽、高，回车确认。

附图 2-29　画梁界面

附图 2-30　构件复制

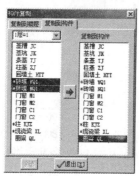

附图 2-31　构件复制

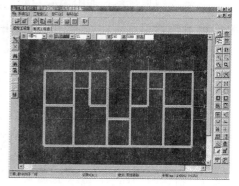

附图 2-32　画圈梁界面

圈梁画图完成后如附图2-32。

（10）画门窗

1）注意事项：

a. 应按门窗表顺序输入，以利校对。

b. 窗台高度用于墙裙的扣减，无墙裙情况下不用输入窗台高度。

c. 不规则门窗直接输入门窗面积。

d. 门窗油漆直接利用变量。

e. 画门窗时位置不需很准确，示意即可。

f. 门窗对称的情况一般较多，宜于用复制，镜像功能加快画图。

g. 门窗参数输入时，可按住 Ctrl 键 + 方向键（↑↓），向上、下快速复制参数。

h. 画图过程中，按住 Shift + 鼠标右键点击构件，可快速切换到该构件。

2）具体操作：

a. 输入门"M1，06015；M2，06015"，窗"C1，10169；C2，10169"。输入定额号时可采用查找功能，如需查找铝合金窗的定额号，其操作方法是，点击"定额"按钮自动索引到第六分部，把光标定在"定额名称"这一列，在"模糊查询"里输入"铝合金"，点击"查询"按钮得出与铝合金相关的定额，见附图2-33。

附图 2-33　定额查询窗口

附图 2-34　构件参数设置界面

b. 快速向上复制的操作。如输入编号"C2"后，要输入与上一条相同的内容，只需按住 Ctrl 键 + ↑即可复制上一条内容。见附图2-34。

c. 输入门窗参数，如附图2-35。

d. 在构件窗口中，选取门窗，使用画图工具 / 或 N，点击门窗在墙体上的位置即可完成门窗的布置。

(11) 画砖过梁、混凝土过梁

1）注意事项：

a. 一般不用输入长度，软件会自动按所在门窗的长度加 500cm 计算，若长度不是按所在门窗的长度加 500cm 计算，则在"延伸"中输入应加长的数据。

b. 画图时一定先画门窗才可画过梁。

附图 2-35　门窗参数输入界面

c. 画图时，单击某门窗，即可在该门窗上画上过梁；也可用鼠标框选门窗，则软件会在所框选的所有门窗上画上过梁。

2）具体操作：

a. 输入"GL，05098"，截面参数只需输入宽（240）、高（300）。

b. 使用画图工具 ⟋ 或 N 单击门窗或用鼠标框选门窗。

(12) 画脚手架

1) 注意事项：

a. 内墙脚手架一般不用画，整楼画图完成并计算后软件会产生内墙工程量的计算式，复制该计算式，粘贴到内墙脚手架工程量上并将墙体的宽度及门窗删除即可。

b. 外墙脚手架一般要画。

c. 图形工程量和算式工程量间的相互索引：在页面切换时，按住 Ctrl 键，图形工程量中的构件自动索引算式工程量中的算式，按 Ctrl + L 继续查找下一条，反过来亦然。

2) 具体操作：

a. 输入外墙脚手架"JSJ1，03008"，高度（3000）即层高，内墙脚手架"JSJ2，03001"。

b. 使用画图工具"房间内框"按钮 ▢ 点击外围空地，软件将自动捕捉外墙面，见附图 2-36。由于楼梯出口处没有墙，可以加上一虚墙（工程量为零的墙）。其操作方法是回到砖墙处，利用属性修改把出口处的墙高改为（0）即可，点击"显示构件…"按钮 🔍 打开"显示背景虚墙"，然后重捕捉即得到正确的外墙脚手架，见附图 2-37。

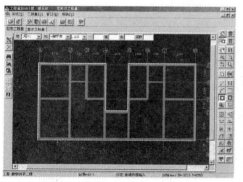 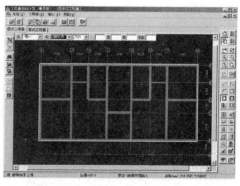

附图 2-36　画外墙架手脚界面　　　　附图 2-37　画外墙脚手架界面（显虚墙）

c. 点击"图形计算"按钮 ▨，计算图形结果，点击 图形工程量 算式工程量 切换到"算式工程量"页面，点击 展开▶ 切换附注信息与标准工程量。

d. 内墙脚手架工程量计算式的获得。在"算式工程量"里复制内墙（NQ1）的算式（先按 Shift + ↑键定义块，再按 Ctrl + C 键复制），然后到"03001"里脚手架处按 Ctrl + V 粘贴，把墙体的宽度及门窗删除即可。每经过一次图形计算，将产生新工程量计算表代替原有的工程量计算表，原来的复制粘贴均被删除，所以一般要在整幢楼画图工作完成后才进行内墙脚手架的计算工作。

e. 选取"拾取计算结果"按钮 ▨，点取外墙脚手架图，即可查看计算结果。

(13) 画现浇板

1) 计算规则：扣柱。表示电脑计算现浇板的工程量时，若遇到柱，则自动扣除柱所占的体积。

2) 注意事项：

a. 软件中板只扣减柱，不扣减梁、楼梯等。

b. 画板时应把背景由砖墙设为现浇梁或圈梁，这样软件便会自动拾取板的面积。也可以用砖墙作背景，画完再对板进行缩放。有时软件不能拾取板的面积，则可画矩形，然后用多边形拉伸的办法获得所需板的面积。还可以不画图，直接用手工列出该板的工程量计算式。

c. 板上需扣洞时，可在板上画洞，软件会自动扣去洞的面积。板上须扣楼梯时，可在板上画个楼梯洞示意或直接在板的工程量计算式扣除楼梯的面积。

d. 有些板，如阳台，不一定要画，直接在工程量计算式中输入更快。有些板，如檐板，不要在现浇板中画，而应在挑檐中画，否则该块板可能比较难画。

e. 不同楼层之间板可进行复制，同一楼层的不同位置的板也可以使用复制，以加快板的输入。

f. 板可分为肋形板和平板，平板可分为不同板厚，凡是板的类型不同、板厚不同，都应取不同编号套不同的定额，如取名为 LB、PB100、PB120 等。

3) 具体操作：

a. 输入 "PB100，05103"，定义高（100），即板厚。

b. 使用 "房间内框" 按钮 ▣，点击房间内空白地方即得一块板。有时出现不符合要求的板，可打开 "显示背景构件" 按钮 ▣，打开所有的梁开关，并关闭其他构件开关后，重新画板即可。

c. 如果用现浇梁、圈梁作背景很难拾取到板的面积时，可只用砖墙作背景拾取板的面积，再点击 "多边形单边拉伸" 按钮 ◁ 进行缩短（–120）即得所需板的面积，见附图2-38。

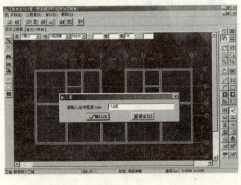 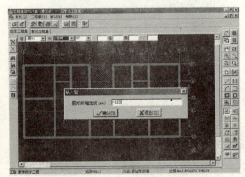

附图 2-38　多边形单边拉伸对话框　　附图 2-39　多边形整体放缩对话框

(14) 画楼梯

1) 注意事项：

a. 定额规定楼梯按水平投影面积。实际工程中有的投影面积较复杂，可将复杂的投影面积分为规则的部分和不规则的部分，规则部分在图上画出来，不规则部分手工计算面积直接输入表达式。该方法可适用于任何构件。

b. 在软件中默认楼梯不扣减任何构件,如不扣柱。

2)具体操作:

a. 输入"LT,05125"。

b. 点击矩形按钮 ▢ 画出楼梯面积,再通过"多边形放缩" ⊕ ,四边缩小,在弹出的话框中输入(-120)即可,如附图2-39。

c. 也可以打开背景虚墙,点击"房间内框"按钮 ▢ 快速画出楼梯面积。

(15)阳台

1)注意事项:阳台一般不要画,直接在工程量计算式中输入会更快。

2)具体操作:

a. 输入"YT,05107;FS,04013"。

b. 在"YT"的工程量计算式中输入,如附图2-40。

工程量解释	工程量计算式	工程量
▶肋形楼板阳台	((0.3+0.4)*(1.5-0.12)/2*0.24挑梁*2+0.3*0.2*;	
工程量	(3.8-0.24)封口梁+(1.5-0.12-0.2)*(3.8-0.24)*;	
	0.1阳台板)*2	1.731

附图2-40 阳台工程量计算式输入界面

c. 在"LG"即栏杆的工程量计算式中输入,如附图2-41。

工程量解释	工程量计算式	工程量
▶阳台栏杆	(((1.5-0.12)*2+3.8)*0.12*0.8)扶手砖墙*2	1.26

附图2-41 阳台栏杆工程量计算式输入界面

(16)压项

无需画图,用计算式计算。

1)具体操作:

a. 输入"YD,05132"。

b. 在工程量计算式中输入,如附图2-42。

工程量解释	工程量计算式	工程量
▶阳台压项	(((1.5-0.12)*2+3.8)*0.2*0.1)*2	0.262

附图2-42 阳台压顶工程量计算式输入界面

(17)画楼地面

1)注意事项:

a. 套不同定额的楼地面须采用不同的编号,如水泥砂浆地面取DM,地砖楼面取LM,卫生间防滑砖楼地面取FH。

b. 地面须套的定额较多,须灵活使用变量,如地面除面层外往往还有混凝土垫层,应在表混凝土垫层的表达式中输入:[1层楼地面DM] *0.08厚,以计算混凝土垫层的体积。

c. 在软件中,楼地面不扣减任何构件。在实际工程中须灵活掌握,如楼面地砖,应按定额计算规则的要求在工程量计算式中增加门洞面积及扣减柱所占的面积等。

d. 有时楼地面并不用画，直接复制板的面积即可。

e. 在整体面层中，如水泥砂浆地面，是按主墙面面积计的，不扣隔墙。若软件已扣了隔墙，可用多边形拉伸处理弥补。

2）具体操作：

a. 输入"DM，07025；DMDC，07016；LM，07025；FM，07102"。

b. 使用"房间内框"按钮画出 DM、FM。

c. 在定义构件时，选取地面垫层"DMDC"，在"工程计算式"栏使用"变量"调用 DM，即［1层=1：楼地面DM］*0.08

(18) 画顶棚

1）注意事项：

a. 顶棚上有梁时，顶棚应按定额计算规则乘以相应的系数。

b. 室内顶棚画图或直接复制楼地面的面积。室外顶棚，如阳台顶面、走廊顶面，画图的范围应包括到梁外边线。

2）具体操作：

a. 输入"TP，10305，系数（1.3）"；"TP2，10305"。

b. 使用"房间内框"按钮画出顶棚面积。

c. 选取"TP2"输入阳台顶棚计算式，如附图2-43。

工程量解释	工程量计算式	工程量
	(1.5-0.12)*(3.8+0.12)*2*1.3	14.065

附图 2-43　阳台顶棚计算式

(19) 画墙面

1）计算规则：扣墙裙，扣门窗。表明电脑在计算墙面工程量时，若遇到墙裙、门窗则自动扣除它们所占的面积。

2）注意事项：

a. 软件会自动扣减墙裙和门窗，但凸出墙的柱侧及独立柱的墙面，软件不考虑，可在工程量计算式中补充输入。

b. 画墙面时应该尽量使用房间的内框按钮让软件自动寻找房间的四周墙面或建筑物外墙，单面墙画图时才用单墙面按钮。

3）具体操作：

a. 输入外墙面"WQM，10143"，高（3000）；内墙面"NQM，10137"高（2900）。

b. 使用画图工具"房间内框"按钮画房间的四周墙面和建筑物外墙面，用单墙面按钮  画独立的单墙面。

(20) 画墙裙

1）计算规则：扣门窗。表示电脑在计算墙裙时，若遇到门窗，则自动扣除门窗在墙裙中所占的面积。

2）注意事项：

a. 有墙裙的房间，其窗台标高是否为0.9m，若是，不用进行任何处理，若不是0.9m

(如一般情况下卫生间窗台标高就不是 0.9m),则应把该窗台标高输入,否则会影响墙裙的工程量。

b. 有墙裙的房间,不必一个个画,复制、粘贴房间的墙面然后修改属性(高度)即可。

3) 具体操作:

a. 输入"QQ,10137"高(900)。

b. 画法与画墙面相同。

c. 也可以使用"构件复制"功能,把墙面复制到墙裙,然后修改属性。

(21) 计算建筑面积

1) 注意事项:

a. 有的地方,如挑阳台只能计一半建筑面积,画图时要输入 0.5 系数。

b. 利用房间内框按钮,让软件自动拾取建筑面积。若拾取的建筑面积不符合要求时,可用缩放键或拉伸键修改。

2) 具体操作:

a. 输入如附图 2-44 所示。

编号	定额编号	定额名称	附注信息
JM1	03064	高层增加费.8-9层或30米.无电梯	
JM2	03064	高层增加费.8-9层或30米.无电梯	
	03053	现浇砼运输道.楼板钢管架	
	B-	建筑面积	

附图 2-44 套定额窗口

在"03053"的工程量计算式中输入计算式,如附图 2-45 所示。

工程量解释	工程量计算式	工程量
	([所有层:建筑面积JM1]+[所有层:建筑面积JM2])*;	
	0.5	0

附图 2-45 现浇混凝土运输道工程量计算式界面

在"B-"的工程量计算式中输入如附图 2-46 所示。

工程量解释	工程量计算式	工程量
	[所有层:建筑面积JM1]+[所有层:建筑面积JM2]	0

附图 2-46 建筑面积计算式输入界面

b. 选取构件"JM1",使用"房间内框"点击外面空白地方即可绘制建筑面积,如附图 2-47 所示。

c. 选取构件"JM2",输入系数(0.5),然后绘制阳台建筑面积:使用"矩形"画阳台建筑面积,再用缩放键来修改,如附图 2-48 所示。

(22) 画挑檐

1) 注意事项:

a. 画挑檐不可作现浇板来画,否则画图难度大,应用墙面功能来画。

b. 挑檐竖起的栏板可用变量来处理或另定新构件。

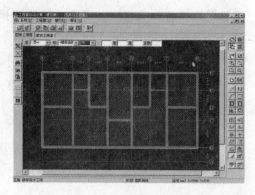 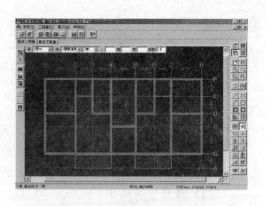

附图 2-47　绘制房间建筑面积界面　　　附图 2-48　绘制阳台建筑面积界面

2）具体操作：先定义挑檐构件（名称、定额号），再输入挑檐宽度、厚度，单击墙面按钮▢，把鼠标往外墙靠，即可把挑檐图形画上。

（23）画屋面

1）注意事项：

a. 屋面套的定额较多，应尽量用变量来处理。

b. 隔热层一般距女儿墙边 250mm，画图时可用房间内框按钮自动寻找屋面的面积，然后用缩放键缩小 250mm 即可。

2）具体操作：

a. 输入"WM1，08105；WM2，09205；WM3，09214"。

b. 选择"屋面层"，画"女儿墙"，如附图 2-49 所示。

c. 使用"房间内框"拾取屋面的面积，然后按定额计算规则的要求，WM1 放大（250），WM2 不变，WM3 缩小（250）。如附图 2-50 所示。

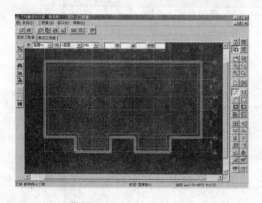 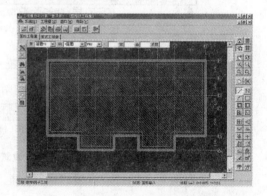

附图 2-49　画女儿墙界面　　　　　　附图 2-50　画屋面面积界面

6. 传送工程量

当工程中各构件画完以后，点击"计算"按钮，即可得到工程量及工程量计算表。可通过建筑预算软件中［定额］菜单下的［博奥工程量接口］功能，接收本工程量计算软件计算出来的定额工程量。

附录三 钢筋自动计算软件

（神机妙算钢筋自动计算软件简介）

一、钢筋库的操作

1. 新建钢筋库文件

对于每一个新工程，在用本软件进行钢筋计算之前，都需要新建一个钢筋库文件。建立钢筋库文件的方法很简单，就是将工程名称输入在本软件规定的窗口里，即在"文件"菜单下选择［新建］菜单项，在"文件名"栏目输入工程名称。

2. 打开钢筋库文件

在"文件"菜单下选择［打开］对话框，或用鼠标单击窗口上快捷按钮，屏幕弹出窗口，显示各不同时期建立的钢筋库，再在要打开的库文件上快速双击鼠标左键，即可打开该钢筋库。

3. 修改钢筋库文件名

在"文件"菜单下选择［打开］菜单项，在要更改文件名的库文件上两次单击鼠标左键（注意两次单击间要有时间间隔，不要快速双击），出现光标后即可进行文件名的更改。

4. 保存钢筋库文件

在"文件"菜单下选择［保存］，则系统自动将当前正在编辑且经过更改的库文件保存起来。请经常对正在编辑中的钢筋库进行保存，以免因突然掉电而将数据遗失。如使用退出系统方式，系统也将提示您是否保存当前经过更改的库文件，请在提示框内选择［确认］按钮，系统保存当前库文件后关闭系统。

5. 备份钢筋库文件

对有用的钢筋库文件，在输入完成后，应随时备份到其他磁盘如软盘上，以免计算机故障造成不必要的损失。保存方法：在"文件"菜单下选择［保存］菜单项；在要保存的文件上单击鼠标左键；在右图的"保存在"对话框内，选择磁盘所在的驱动器；再用鼠标单击［保存］按钮，则保存完成。

6. 删除钢筋库文件

工程已经竣工的钢筋库文件，应拷贝至其他磁盘上备份，而将工作盘上的钢筋库文件删除，以免因钢筋库文件过多增加查找的麻烦，或者计算机故障造成钢筋库文件的丢失，同时更能节省硬盘空间。删除方法：在"文件"菜单下选择［打开］菜单项；在要删除的库文件上先单击鼠标左键，再单击鼠标右键，屏幕弹出菜单；用鼠标选择菜单上［删除］菜单项，屏幕出现提示菜单，询问是否要将该文件放入回收站，用鼠标单击菜单上［确认］按钮，则库文件被删除。

二、钢筋计算表操作与栏目介绍

打开钢筋库文件后，出现钢筋计算表窗口。

1. 钢筋计算表基本操作

（1）表格尺寸调整。如果要增减某一行的高度，请拖动该行行号下端的边线；如果要增减某一列的宽度，请拖动该列右端的边线；如果要将表格的行高进行统一调整，请用鼠标单击窗口上的［行高］快捷按钮，在弹出的窗口内输入要调整的高度。

(2) 表格行的插入和删除。将光标移动到要插入行处，用鼠标单击［插入］快捷按钮，就可在当前光标所在行插入一空行；将光标移动到删除行处，用鼠标单击［删除］快捷按钮，就可把当前光标所在行删除。

(3) 块操作。块操作是最常用的一种窗口操作方法，通过把要变更的内容做成红色的块，进行复制、移动、删除等项编辑，提高工作效率。系统块操作内容包括块首、块尾、块复制、块移动、块删除、块写、块读，通过窗口快捷按钮进行操作。提示：［块首］和［块尾］必须成对使用。使用［块复制］、［块移动］、［块删除］、［块写］功能之前，必须使用过［块首］和［块尾］将某一部分内容做成了红色的块。使用［块读］功能之前必须使用过［块写］功能将块写入了硬盘。

(4) 表格单行复制。如果只是进行一行的复制，可不用上述块操作的方法，而只要用鼠标单击快捷按钮［复制］，就可将光标所在行复制到剪贴板上；再将光标移动到要复制的位置，用鼠标单击快捷按钮［粘贴］，即可将复制到行粘贴到光标所在行。

2. 钢筋计算表窗口栏目介绍

钢筋计算表窗口共设置了26处栏目，包括下列内容：［楼层编号］、［图纸编号］、［构件编号］、［构件部位］、［构件数量］、［制作日期］、［图标号］、［钢筋图样］、［钢筋名称］、［标识］、［钢筋号］、［类型］、［直径］、［间距］、［根数］、［接头数量］、［总根数］、［预算长计算式］、［预算长度］、［预算总长］、［预算总重］、［下料长计算式］、［下料长度］、［下料总长］、［下料总重］、［备注］。

(1)［预算长计算式］和［下料长计算式］栏目允许使用者自列计算式，列式后按回车即可计算出结果。结果放置在［预算长度］和［下料长度］栏目。

(2) 允许使用者在［图标号］栏目直接输入图标号，然后按回车键，即可将相应图标的图形提取到屏幕。

(3)［备注］栏目放置的是所提取钢筋的母图形的图标号。

(4) 在［标识］栏目自定义一种符号，如字母A，在需特殊汇总的钢筋处录入该种符号。汇总统计时，系统将对该栏目内做过同一种标记的钢筋进行汇总。例如：箍筋类需单独汇总时，将表格内所有箍筋的［标识］栏内录入符号"A"，若需进行钢筋汇总表打印，则选用标识汇总按钮，即可将所有箍筋汇总打印。

(5)［类型］栏目显示方式包括数字编号和符号两项内容。

三、钢筋计算

钢筋计算的操作流程：

新建或打开钢筋库→工程基本资料输入→钢筋计算

1. 新建或打开钢筋库

钢筋计算的第一步，就是新建或打开一个钢筋库。如果是新建工程，按下列步骤操作：

(1) 在"文件"菜单下选择［新建］菜单项；

(2) 在弹出窗口内的"文件名"栏目输入工程名称；

(3) 用鼠标单击窗口中的［打开］按钮，即建立好一个新钢筋库，同时已将该钢筋库打开。

如果是已建立过库文件的工程，按下列步骤打开：

(1) 在"文件"菜单下选择［打开］菜单项，或用鼠标单击窗口上快捷按钮；

(2) 在弹出的窗口内，显示各不同时期建立的钢筋库文件名，用鼠标单击其中要打开的钢筋文件，使该文件显示在"文件名"栏目；

(3) 用鼠标单击窗口中的［打开］按钮，即可打开该钢筋库。

提示：定义文件名时不能和已定义过的文件名重复，否则系统提示出错信息，要求重新定义。

2．工程基本资料输入

新的钢筋库文件建立好以后，用鼠标选择［工程信息］快捷按钮。请按实际工程情况填写各栏目，包括工程名称、建设单位、施工单位、施工日期、编制人等项信息。

3．钢筋计算

(1) 打开图标库。用鼠标左键单击"图标"菜单下的［打开］菜单项，在弹出的对话中包含各种构件图标的目录。例如需要计算基础的钢筋，则只需对准"基础"用左键快速双击即可打开基础图标。

(2) 定义公共变量。公共变量即搭接长度、锚固倍数等有关数据。用鼠标左键单击"图标"菜单下的［公共变量］菜单项，然后在对话框里按工程实际要求修改有关数据（已有的数据是按照规范填写的）。填写完成后单击左上角的［存盘退出］快捷按钮保存。

(3) 钢筋计算。为兼顾不同地区、不同工程项目及其所能遇到的各种情况，本系统设计了四种钢筋计算方法：图形标注法钢筋计算、表格录入法钢筋计算、多边形布钢筋计算及单钢筋录入计算。实际操作过程中请根据不同情况灵活使用。

四、打印钢筋汇总表格

钢筋汇总统计表设置了下列几种条件的汇总：构件汇总、楼层汇总、部位汇总、类型直径汇总、日期汇总及标识汇总。可根据需要打印不同条件的汇总表格。

打印步骤：

(1) 连接打印机，装好打印纸，如 A4 复印纸。

(2) 选择"打印"菜单下的［钢筋汇总统计表］菜单项。

(3) 选择汇总条件，即在弹出的窗口内，用鼠标单击汇总条件按钮。

(4) 用鼠标单击［打印］快捷按钮，在弹出的窗口内，首先选择打印机型号，然后用鼠标单击［确认］按钮，则钢筋汇总表开始打印。

提示：［标识汇总］是指对在钢筋计算表［标识］栏目中定义了特殊标识符号的项目进行的汇总。

参 考 书 目

1. 王景新、郭新平主编.《计算机在会计中的应用》.北京：经济管理出版社，2002
2. 湖南省会计从业资格考试学习丛书编委会.《会计电算化应用》.北京：中国人民大学出版社，2002
3. 张瑞君、蒋砚章.《计算机会计学》.北京：中国人民大学出版社，1999
4. 王永生.《Windows 电算化会计实务》.北京：科学出版社，1999
5. 吴辉主编.《计算机会计》.北京：经济科学出版社，1998
6. 葛世伦等主编.《会计信息系统开发方法》.北京：科学出版社，1998
7. 刘景瑞主编.《会计学》.北京：高等教育出版社，2001
8. 梁红宁，梁绍华主编.《建筑工程预算电算化》.广州：华南理工大学出版社，2001